外資系コンサルが使っている戦略を1冊にまとめてみた

グローバルビジネスバレー [著]

SOGO HOREI PUBLISHING CO., LTD

はじめに

「戦略」とは、目標を達成するための「作戦」や「計画」のことです。スポーツやゲームで勝つために作戦を考えるように、ビジネスや勉強でも「戦略」を考えることはとても大事です。

たとえば、テストでいい点を取りたいとき、ただ「勉強する！」とだけ決めるのではなく、どの教科を優先するか、どの部分に時間をかけるかを考えると思います。苦手な部分に時間を使ったり、テストの範囲をしっかり理解してから勉強すると、効率良く良い結果が出せます。この計画こそが「戦略」です。

みなさんも一度はどこかで聞いたことがあるかもしれませんが、「ランチェスター戦略」という戦略はもともと戦争に�ったために考えられた理論です。「弱いほうがどうやって強い相手に勝つか」を研究したものです。これをビジネスにも応用して、「小さい会社が大きな会社に勝つ方法」などを考えるために使われています。たとえば、小さな会社がある地域だけに集中して、そこで一番になるようにがんばる戦略などがそれにあたります。

つまり、戦略が大事な理由は、「限られた時間や力をどう使えば、できるだけ大きな成果を出せるか」を決めることができるからです。無計画にやるよりも、目標に向けた道が見えて、成功のチャンスも増えるのです。戦略を持つことで、効率良く、計画的に「目標」に向かって進めるようになります。

戦略が大切なのは、経営者やリーダー、コンサルタントだけではありません。すべての人が身につけておいたほうがいい知識です。現在は変化のスピードが速い時代なので、刻々と状況が変わってきます。そんなときに戦略が身についているかどうかで結果に差が出てきます。
　みなさんもご存じの通り、ビジネスには複雑な要素が混在しております。
　今回取り上げている戦略を組み合わせてみたり、自分なりの仮説を取り入れることで、新しい戦略が生まれていきます。そうやって問題を１つずつ解決していくことができれば、あなたは確実に成長していくことができます。どんな厳しい時代でも生き抜いていくことができるでしょう。

　本書で紹介する戦略は、実際にマッキンゼーやアクセンチュア、ボストンコンサルティングなど数々のコンサルティング会社でも使用されているモノです。
　本書に収録した戦略の中には、ＩＴ時代ならではのマーケティング手法はもちろん、それに加えて、近年注目されている行動経済学の理論も盛り込みました。結局、ビジネスは「顧客」と「消費者」の対話です。そのようなことを念頭に置いて、本書をご活用いただければ幸いです。
　自分でゼロから戦略を考えるのは、時間もかかりますし、効率も良くありません。
　ぜひ本書を通して、あなたの思考を進化させてください。
　最後までどうぞよろしくお付き合いください。

目次 CONTENTS

はじめに 3

第1章 競争戦略

01 ランチェスター戦略 10
02 ポーターの3つの競争戦略 14
03 ブルーオーシャン戦略 18
04 コア・コンピタンス 22
05 アンゾフの成長マトリックス 26
06 アドバンテージ・マトリックス 30
07 3C分析 34
08 SWOT分析 38
09 PEST分析 42
10 バリューチェーン 46
11 VRIO分析 50
12 リーンスタートアップ 54

第2章 マーケティング戦略

13 STPマーケティング（1）セグメンテーション、ターゲティング ...60

14	STPマーケティング（2）ポジショニング	64
15	STPマーケティング（3）マーケティング・ミックス	68
16	プロダクト・ポートフォリオ・マネジメント分析	72
17	ジョブ理論	76
18	フリーミアム	80
19	プロダクト・ライフサイクル	84
20	キャズム	88
21	ブランド・エクイティ	92
22	AIDMAとAMUTUL	96
23	ロングテール戦略	100
24	ゲーミフィケーション	104
25	シェアモデル	108
26	オムニチャネル	112
27	サブスクリプション	116
28	プラットフォーム戦略	120
29	インフルエンサー・マーケティング	124
30	データドリブン・マーケティング	128

第3章 イノベーション戦略

31	イノベーションのジレンマ	134
32	オープン・イノベーション	138
33	リバース・イノベーション	142
34	バリュー・イノベーション	146

第4章 組織マネジメント、HR戦略

35	PDCA サイクル	152
36	プロジェクト・マネジメント	156
37	7S	160
38	マズローの欲求5段階説	164
39	ハーズバーグの動機づけ・衛生要因	168
40	カッツ理論	172
41	OKR	176
42	TOC（ボトルネック）	180
43	7つの習慣	184

第5章 行動経済学

44	ビジネスで知っておきたい行動経済学	190
45	プロスペクト理論	194
46	フレーミング効果	198
47	ナッジ理論	202

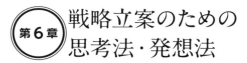

第6章 戦略立案のための思考法・発想法

48 ロジカルシンキング...208
49 デザインシンキング...212
50 オズボーンのチェックリスト.....................................216

　おわりに...220
　参考文献...222

本文DTP：横内俊彦
装丁：木村勉
校正：髙橋宏昌

第1章

競争戦略

01 ランチェスター戦略

勝てる戦い方としての「弱者（中小企業）の戦略」と「強者（大企業）の戦略」。経営戦略やマーケティング戦略を考える際、競合との中長期的な対抗戦略を念頭に、自社に有利な最も勝算の高い戦い方を模索するときに便利。

もともとは軍事戦略の法則

　軍事戦略理論として有名なものに、古代中国の「孫子の兵法」や19世紀のクラウゼヴィッツによる「戦争論」などの古典がありますが、戦い方を初めて科学的に分析したのが、イギリスの航空工学の研究者F・W・ランチェスターによる、いわゆる「ランチェスターの法則」です。

　これはランチェスターが第一次世界大戦時に当時の空中戦を観察した際に、戦い方における兵力の割合と損害の関係から発見した２つの法則です。

　つまり、もともとは軍事戦略の法則なのですが、現在では企業間の競争戦略策定に役立つものとして利用されています。

ランチェスターの強者と弱者の戦略

強者	戦略	弱者
同質化戦略	基本戦略	差別化戦略
総合主義	商品戦略	一点集中主義
広域戦	地位戦略	局地戦
遠隔戦	流通戦略	接近戦
確率戦	顧客戦略	一騎打ち戦
誘導戦	戦法	陽動戦

「弱者の戦略」と「強者の戦略」

ランチェスター戦略のベースとなる考え方は「武器の性能が同じであれば、兵力の多い方が必ず勝つ」というシンプルなものです。これを戦法に応じて「強者の戦略」と「弱者の戦略」に分けます。

①弱者の戦略

伝統的な戦法（刀や槍、ピストルなどを使った一騎打ちや接近戦）で戦う場合、武器の性能に差がなければ、弱者も強者も損害は同じとしています。これは兵力で劣る弱者側から見れば、強者に対抗できる機会と考えられます。つまり、ビジネスであれば中小企業向けの戦略といえます。

② **強者の戦略**

武器の性能が向上して中距離または遠隔での戦いになれば、攻撃力は兵力の二乗と計算されるため、兵力で勝る強者が圧倒的に有利となります。つまり、ビジネスであれば大企業向けの戦略といえます。

ビジネスでの応用

「ランチェスターの法則」は第二次世界大戦後に企業の競争戦略に応用されるようになりました。

日本では、1960年代に経営コンサルタントの田岡信夫氏らによって、ランチェスターの法則をベースにした販売における競争戦略が構築されました。そして、1970年代のオイルショックによる不況の中、トヨタや松下電器（現パナソニック）、イトーヨーカ堂、ブリヂストンなどがこの理論を活用して成功したことから、広く知られるようになりました。

実際のビジネスにこのランチェスターの法則を当てはめると、規模が小さくて資金や販売チャネルで劣る中小企業が大企業と渡り合うには、「弱者の戦略」を中心とした戦略を取るのが有効です。たとえば、限りある経営資源を自社の強い市場（地域）のみに注力し、その市場での勝利のみを追求する戦略といったものです。

一方、大企業であれば、社員数や物量、資金力などの経営資源の大きさを活かして、総合的な市場での独占的な利益を目指すことを基本戦略とします。

ランチェスター戦略最大の特徴は、強者には強者の、弱者には弱者の戦い方があることを提示している点にあります。

クープマンモデル：市場シェア7つのシンボル目標値

73.9%	上限目標値	独占的となり、その地位は絶対的に安全となる。ただし、1社独占は必ずしも安全とはいえない
41.7%	安定目標値	地位が圧倒的に有利となり立場が安定する 40%は、首位独走の条件として多くの企業の目標値
26.1%	下限目標値	トップの地位に立つことができる強者の最低条件。安定不安定の境目。これを下回ると1位であっても、その地位は安定しない
19.3%	上位目標値	ドングリの背比べ状態の中で上位グループに入れる。弱者のなかの強者
10.9%	影響目標値	市場全体に影響を与えられるようになり、シェア争いに本格参入。「10%足がかり」と呼ぶ
6.8%	存在目標値	競合者に存在を認められるが、市場への影響力はない。この数値未満が撤退の基準として使われる場合もある
2.8%	拠点目標値	存在価値はないに等しいが、橋頭堡となりうる。2.8%までは市場参入戦略を適用。2.8%から競争戦略を適用

出所：福永雅文『ランチェスター戦略「小さなNO.1」企業』(日本実業出版社)

ある市場における強者が別の市場においても強者であるとは限りません。それが現在でも大企業、中小企業問わず、この戦略が活用されている所以です。

市場シェア7つのシンボル目標値

また、ランチェスター戦略は「市場シェアの科学」といわれます。第二次世界大戦中、アメリカ海軍作戦研究班でランチェスターの法則を研究していたコロンビア大学教授の数学者B.O.クープマンらによって「クープマンモデル」と呼ばれる市場シェア理論が提唱されました。

この理論により、自社のシェアが現在市場でどのようなポジションにあるのか、競合との競争において占拠率を何パーセントまで取っていけばいいのかを判断できるようになりました。

02 ポーターの3つの競争戦略

個別の企業や事業の置かれた状況によって、望ましい戦略の方向性は異なるが、マイケル・ポーターはこれらを「コストリーダーシップ戦略」「差別化戦略」「集中戦略」の3つに体系化した。

「競争」を初めて体系的に分析

1980年代のアメリカでは日本をはじめとするアジア各国から安価な商品が大量に流れ込み、多くの企業が苦戦を強いられました。

このような中、グローバルに成長していくという経営モデルに行き詰まっていたアメリカの経営者から圧倒的な支持を集めた経営理論が、ハーバード大学ビジネススクール教授のマイケル・ポーターが著書『競争の戦略』で提唱した3つの競争戦略です。

この理論が画期的だったのは、「敵からの攻撃を防御して自ら攻め入っていく」という、軍事における戦略行動を経営に持ち込んだ点です。さらに業界における競争の実態を明らかにし、その分析方法を提供したことにあります。

ファイブフォース分析

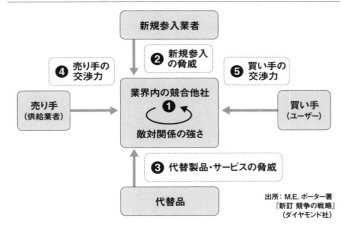

出所：M.E. ポーター著
『新訂 競争の戦略』
（ダイヤモンド社）

5つの競争要因

まずポーターは、企業をめぐる競争要因が5つあることを提示しました。すなわち、①競合他社、②新規参入業者、③代替品、④売り手、⑤買い手、です。

つまり、市場で競争を生み出すのは競合他社だけではないということです。

「①競合他社の脅威」とは文字通り同じ業界で競合する会社との価格や製造コスト、販促などあらゆる分野での競争によって、自社の収益が脅かされる可能性を指します。

「②新規参入業者の脅威」とは、業界に新しく参入する会社との競争です。新規参入のハードルが低い業界であれば、シェア争いが激化し、収益が圧迫する可能性があります。

「③代替商品の脅威」とは、用途が代替される商品・サービ

スがあった場合、販売価格が抑制される可能性を指します。
「④売り手の脅威」とは、原材料などの供給業者が強い交渉力を持った場合に原材料などの仕入額が上昇し、他社との競争に不利になる可能性を指します。
「⑤買い手の脅威」とは、商品の供給過剰や不人気の際に顧客が優位な立場で値引きを要求したりすることを指します。

この分析手法を5つの競争力の名を取って、ファイブフォース分析と呼びます。

3つの基本戦略

こうした自社の位置づけを分析した上で、ポーターは企業が取るべき以下の3つの基本戦略を打ち出しました。

①コストリーダーシップ戦略

原材料の調達、製造、物流、販売などの過程においてコストダウンを図ることで優位性を築き、自社のマーケットシェア拡大を目指す戦略です。

たとえば、海外から安い牛肉を大量に仕入れ調理過程を画一化することで安売り競争を仕掛けた牛丼業界が当てはまるでしょう。他に、中国で大量生産と高品質な商品づくりを同時に実現したユニクロもそうです。

基本的にコストリーダーシップ戦略は、同じ商品を大量に生産供給できる場合に効果的であるといえます。同じ商品の累積の生産高が2倍になると、コストは自然に20～30％下がるとされているからです（経験曲線の理論）。

ポーターの3つの基本戦略

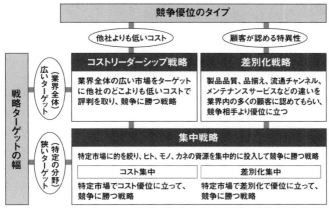

出所：M.E. ポーター著『新訂 競争の戦略』（ダイヤモンド社）

②差別化戦略

市場全体を対象に商品やサービスに独自性を出すことで、高価格での販売を実現します。たとえばメルセデス・ベンツは他社の高級車とは異なった高級イメージを作り出すことで、高価格販売を実現しています。

③集中戦略

経営資源を自社にとって有望な事業に資源を集中させる、差別化集中とコスト集中の2種類があります。

差別化集中は、得意な事業に特化することでパワーを集中させシェア拡大を図るものです。一方、コスト集中はインターネット証券会社がネット販売に特化してコストを下げるなどがよく知られている例です。

03 ブルーオーシャン戦略

激戦区を避けて独自の新市場をつくる戦略。過当競争による収益低下を回避したい場合や自社の将来的な成長を強く望む場合に有効。高い独自性を確立することができれば先行利益を享受できるが、すぐに模倣されてしまうリスクも。

ブルーオーシャンとは

　ブルーオーシャン戦略とは、既存の市場での競合同士の過当競争から離れ、独自の新市場を創造し、安定した収益を求めたい場合の戦略です。ブルーオーシャン（Blue Ocean）とは「穏やかな青い海」を意味し、反対に過当競争による激戦区を「血みどろの真っ赤な海」という意味のレッドオーシャン（Red Ocean）と表現します。

　過当競争のレッドオーシャンでは競合が増えるほど自社のシェアが低下し、収益も落ちます。やがては会社の体力が衰えて、最悪の場合、倒産の憂き目に遭う可能性も出てきます。

　これを避けるには、競合のいないブルーオーシャンを見つけていち早く参入することが必要となります。この新市場を開拓して成長させることができれば、利益を独占できます。

レッドオーシャン戦略とブルーオーシャン戦略

レッドオーシャン戦略		ブルーオーシャン戦略
競争で赤い血に染まっている	戦略のイメージ	競争のない穏やかな海
競合他社があふれる既存の市場	対象市場	競争のない新しい市場 まだ存在していない市場
ライバル企業に勝つことで既存の需要を勝ち取る	収益を得る方法	顧客に新しい価値を提供することで新しい需要を呼び起こす
他社と同じ価値基準	価値基準	価値基準
市場は固定的→奪い合い	市場のとらえ方	市場は可変的→新市場の創造
価値とコストはトレードオフ（二律背反）の関係	価値とコストの考え方	提供する価値を高めながら、コストを下げることが可能（=バリューイノベーション）
差別化または低コスト化	採用する戦略	差別化と低コスト化の両立

出所：W・チャン・キム他著『〔新版〕ブルー・オーシャン戦略』（ダイヤモンド社）

ブルーオーシャンの見つけ方

現実的にはブルーオーシャンの市場を発見することは簡単ではありません。ブルーオーシャン戦略を提唱した W・チャン・キムとレネ・モボルニュは 21 ページの表のような 6 つの原則を考えるべきとしています。

ここでは第 1 原則「市場の境界を引き直す」における考える道具としての 6 つのパスについて説明します。

①代替産業に学ぶ

自社の競合となるのは同業者だけではありません。代替サービスを提供している企業も含まれます。この代替産業も含めて研究の視野を広げることで、従来とは違ったプロダクトコンセプトが生まれる可能性があります。

②業界内の他のグループから学ぶ

　同じ業界にも、違った考え方や戦略を持つ企業は数多くあります。このような自社とは違う戦略を持つ企業からもヒントを探します。

③買い手グループに目を向ける

「顧客」をよく観察すると、実際には購入者（実際に代金を支払う人）・利用者（実際に利用する人）・影響者（購入に影響を与える人）などの存在があることに気づきます。これら個々の買い手グループに着目すれば、まったく違ったプロダクトコンセプトが生まれる可能性があります。

④補完財・補完サービスを見渡す

　いろいろな商品やサービスは単品ではなく、実際には組み合わせで利用されています。このように補完財や補完サービスに着目して、新たなプロダクトコンセプトを考えます。

⑤機能・感性志向を切り替える

　ときには、業界の常識や自社の常識を逆転してみることも大事です。今までとは違うアングルから業界・自社を見直して、新たなプロダクトコンセプトを考えてみます。

⑥将来を見通す

　外部環境の流れ・トレンドを捉えなくてはなりません。単に流行を予測するという意味ではなく、今後、顧客嗜好はどう変わるかとか、自社の事業にどう影響を与えるかという長期的観点から考えます。

ブルー・オーシャン戦略 6つの原則

	考えるべきこと	考えるための道具
第1原則 市場の境界を 引き直す	既存の固定概念から自分たちの市場を見るのではなく、まったく違う視野から自社の市場を見渡し、定義してみる	「6つのパス」 1. 代替産業に学ぶ 2. 業界内の他のグループから学ぶ 3. 買い手グループに目を向ける 4. 補完財・サービスを見渡す 5. 機能・感性志向を切り替える 6. 将来を見通す
第2原則 細かい数字は忘れ、 森を見る	細かいデータに走る前に、現在の業界を俯瞰し、競争要因と自社と他社の評価を行ってみる。その上で、新たな戦略をビジュアルに表現してみる。	「戦略キャンバス」 「アクション・マトリクス」 「PMS (Pioneer-Migrator-Settler) マップ」
第3原則 新たな需要を 掘り起こす	既存顧客のセグメンテーションに注力するのではなく、既存以外に目を向けて、非顧客層も含めて広くニーズを満たせないかを考える。	「非顧客層の3つのグループ」
第4原則 正しい順序のハードル を乗り越える	買い手の効用をまず考え、次に適正価格、次にコスト、最後に実現への手立てという順番で考える	「買い手の効用マップ」 「顧客の密集する価格帯」 「ブルー・オーシャン・アイデア・インデックス」
第5原則 組織面のハードルを 乗り越える	描いた戦略を実現させるために、ティッピング・ポイント・リーダーシップの概念をベースに組織面のハードルを短期間で乗り越える。	「組織面4つのハードル」 1. 意識のハードル 2. 政治的なハードル 3. 士気のハードル 4. 経営資源のハードル
第6原則 実行を見据えて 戦略を立てる	従業員が自らすすんで戦略の実行に関与するように、公正なプロセスを通じて巻き込んでいく。	「公正なプロセスを支える3つのE」 ・Engagement (関与) ・Explanation (説明) ・Clarity of Expectation 　(明快な期待内容)

出所：W・チャン・キム他著『[新版] ブルー・オーシャン戦略』(ダイヤモンド社)

04 コア・コンピタンス

自社の強みに特化した競争戦略。他社が真似できないスキルや技術などにおける自社の中核的な強みを数値化して客観的に分析した上で、集中して育て、新たな市場を切り拓く。長期的に企業に安定収入をもたらす事業を考える際に用いる。

コア・コンピタンスとは

　コア・コンピタンス（Core Competence）とは、「競合他社が真似できない自社の核となる技術や特色」のことです。そして、そのようなコア・コンピタンスを集中して育て、新たな市場を切り拓いていくことをコア・コンピタンス経営といいます。1994年、アメリカの経営学者C・K・プラハラードとゲイリー・ハメルによって提唱されました。

　コア・コンピタンスが提唱された当時のアメリカで主流だったのは、業界トップ企業の戦略を徹底的に研究し、そこからより優れたビジネスモデルを作り出すことでした。しかし、プラハラードらは、コア・コンピタンスによって企業が未来の顧客や必要なサービスを見つけ出して、自ら新たな市場を発掘することを提唱しました。

コア・コンピタンスの3要件

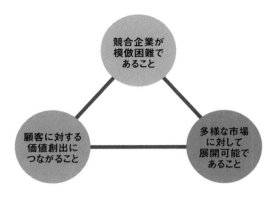

コア・コンピタンスの3要件

コア・コンピタンスになるのは、以下の3つの要件をすべて満たしている自社の強みとされています。

①競合企業が模倣するのが困難か
②顧客に何らかの利益をもたらすか
③多様な市場で展開可能か

コア・コンピタンスの見極め

コア・コンピタンスであるかどうかの見極めとなるのは、以下の5つの視点です。

① 模倣の可能性（Inimitability）

「競合他社に簡単に模倣されないか」という視点です。これが低いほど、競争優位性が大きくなります。

② 代替可能性（Substitutability）

「その強みが別の方法で簡単に置き換えられないほど、唯一無二のものであるか」という視点です。これが高いほど、その分野で独占的シェアを獲得することができます。

③ 希少性（Scarcity）

「その技術や特性が珍しいもので、顧客に対する価値創出につながるか」という視点です。希少性が高いほど、競合に対する強い武器となります。

④ 耐久性（Durability）

「その強みが長期にわたって競争優位を維持することが可能かどうか」という視点です。これが高いほど、コア・コンピタンスの価値が保証され、廃れにくいものとなります。

⑤ 移動可能性（Transferability）

「1つの製品や分野だけでなく、幅広く展開できるか」という視点です。これが高いほど、その強みに汎用性があり、優れた商品・サービスを次々に開発することが可能になります。

コア・コンピタンス分析

自社の強みや弱みを分析するフレームワークとして、後述

コア・コンピタンス分析の例

コア・コンピタンス		自社	A社	B社	C社
商品力	商品サービスの開発数	40	80	40	40
	開発スピード	50	70	50	40
	製品シェア率	40	70	50	30
企画力	リサーチ力	60	60	50	60
	プランニング力	70	自社の強み	50	70
	顧客育成力	80	30	40	70
営業力	営業人員数	30	40	60	80
	企画提案力	60	40	70	80
	顧客名簿数	60	60	80	70
サポート力	相談対応人員数	60	40	60	50
	フォロー力	80	30	70	60
	顧客満足度	70	50	50	60
総合得点		700	620	670	710

するSWOT分析（38ページ参照）がありますが、主観的で抽象的な分析になりがちです。単に「うちには技術力がある」という分析ではなく「○○分野の□□の技術で作る△△の部品で業界◇位」というように自社の優位性を具体的に分析することが求められます。そこでSWOT分析で導き出した強みに対して、コア・コンピタンス分析を同時に行い、自社の強さを数値化することで、より明確な分析が可能になります。

分析においては、極力客観的な視点で、自社の強みを計測し、数値化できる状態に落とし込むことが不可欠です。たとえば、「商品力」というカテゴリーでは商品・サービスの開発数や開発スピードを、「営業力」というカテゴリーでは営業人員数や企画提案力などを数値化して、表に記載していくとわかりやすくなります。また、自社だけでなく競合他社の分析結果も併記することで、自社の相対的な強みがより明確になります。

05 アンゾフの成長マトリックス

事業の多角化や新規事業の創出の方向性を考える際に便利なフレームワーク。既存事業を出発点に「市場」と「製品」を「既存」と「新規」で分けた４つの方向性を展開していくので、地に足の着いた戦略を立案することができる。

既存事業をベースに考える

「売上が伸びない」「顧客が自社製品に飽きはじめている」「事業をどうにかして拡大できないか」

このような市場の変化に対応して新製品・サービスや新規事業を考えることは、企業経営で常に求められます。その変化の方向性を考えるのに役立つフレームワークが「経営戦略の神様」といわれるイゴール・アンゾフが提唱した「アンゾフの成長マトリックス」です。

具体的には、事業構造を「市場」と「製品」という２つの要素から捉えて軸を取り、その２軸をさらに「既存」と「新規」の２軸で分けたマトリックスにすることで、企業の成長戦略の方向性をシンプルに示します。既存事業を出発点にするので、シナジー（相乗効果）のあるプランを立案できます。

アンゾフの事業拡大マトリックス

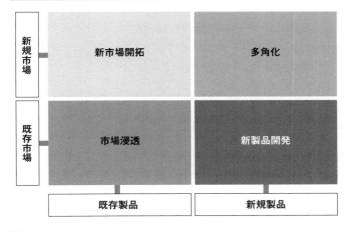

4つの成長領域

「アンゾフの成長マトリックス」が示すのは、以下の4つの成長領域です。

①市場浸透戦略（既存製品×既存市場）
②新製品開発戦略（新規製品×既存市場）
③新市場開拓戦略（既存製品×新規市場）
④多角化戦略（新規製品×新規市場）

以下1つずつ解説していきます。

①市場浸透戦略（既存製品×既存市場）

従来の市場に従来の製品を引き続き投入することで、現在の市場シェア拡大を目論む戦略で最も成功確率の高いもので

す。具体的には、広告を打ったり値下げキャンペーンなどを行うことで一時的にシェア向上を実現することができますが、これでは収益性の低下や競合との不毛な値下げ競争に陥る可能性があります。

したがって、むしろ高付加価値化で値上げを図り、顧客をヘビーユーザー化する方向に施策を考える必要があります。

② 新製品開発戦略（新規製品×既存市場）

現在の顧客に対して新製品を投入し、さらなる成長を狙う戦略です。たとえば、書店内にカフェや文房具売り場を併設して売り上げを伸ばすような、製品の幅を拡張する施策が挙げられます。

③ 新市場開拓戦略（既存製品×新規市場）

既存製品を新しい顧客に投入することで市場を拡大したり新市場を開拓する戦略です。

具体的には、自社の直営店のみで販売していた製品をコンビニでも販売したり、国内販売のみだった製品を海外市場で販売するといった地理的な市場拡大のほか、女性向けの化粧品を男性向けに販売したり、子供用の製品を大人向けに販売するなど市場セグメントの拡大も考えられます。

④ 多角化戦略（新規製品×新規市場）

新規の市場に新規の製品を投入する戦略です。製品と市場の両方で新規領域を目指す戦略であり、まったくの新分野であるため難度は高いですが、その分、成功すれば大きなリターンが期待できます。

アンゾフの事業拡大マトリックスを使った例（居酒屋）

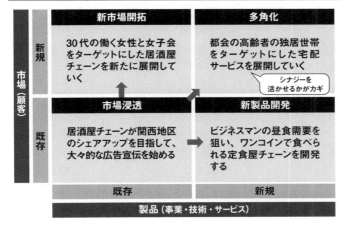

成功のポイントは「シナジー」

　④の多角化戦略で成功した事例がトヨタ自動車です。もともとは自動織機の会社でしたが、そこで培った生産技術を成長産業である自動車に転用して、今や「世界のトヨタ」と呼ばれるほどの会社に成長しました。

　トヨタの事例は「生産技術」という自社の経営資源を活用した多角化ですが、近年は大企業が新規事業へ進出するにあたり、M&Aや資本参加という形で、成長が期待される事業分野のベンチャー企業を取り込んで多角化する方法も一般的になっています。

　いずれのやり方もキーワードとなるのは、既存事業との「シナジー（相乗効果）」です。新規事業とはいえ、既存事業との関連性が薄い事業への進出は、成功確率が低くなるからです。

06 アドバンテージ・マトリックス

自社事業の将来性を競争力や優位性から分析するフレームワーク。自社事業を経済面から評価・分析して戦略を立てる際や、事業再構築や新規事業参入を考える際に有効。各事業の位置づけを明確化できるため、戦略を立てやすい。

事業の再構築・新規事業参入の評価に有効

アドバンテージ・マトリックス(Advantage Matrix)は、業界の競争環境を分析して事業の経済性を評価するフレームワークです。

BCG(ボストン・コンサルティング・グループ)によって考案されました。事業の再構築や新規事業参入を検討する際によく用いられます。

4つの事業に分類

アドバンテージ・マトリックスは、「業界の競争要因が多いか少ないか」(競争上の戦略変数の数)という軸と、「競争優位性が構築できる可能性が大きいか少ないか」(競争優位性の

アドバンテージ・マトリックス

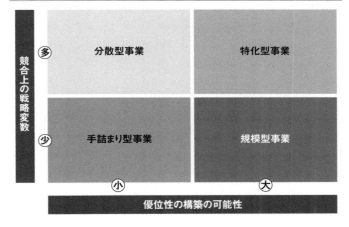

構築の可能性）という2つの軸を使ったマトリックスを使って、事業の経済性を4つのタイプに分類します。

たとえば、競争要因が少ないということは、競争の手段が少ないことを意味し、勝負が単純に決まりやすいことを表します。一方、競争優位性の構築の可能性が高いということは、競合に対する優位性決定に明確な要因があることを意味します。

それぞれの事業のタイプにより、成功の可能性が異なってくるので、事業ごとにどのような優位性を構築できるかを考えなければなりません。

① 規模型事業

たとえば鉄鋼業など、生産量やシェアなどの規模の利益を追求することでしか優位性を構築できない事業です。製品が単純で他社との差別化が難しく、仮に差別化を試みたとして

もコストが高くなるだけで、収益性が向上しない業界です。自社がこの業界に属しているのなら、生産量やシェアの拡大が収益性向上の至上命題となります。

② 特化型事業
　事業の専門性が高い比較的ニッチな業界です。競争要因での強みが多く存在し、優位性の高い事業分野です。差別化や集中化によって特定の分野で独自の強みがあれば、競争優位性を保て、収益性を確保できます。事業領域ごとの勝ち組が存在する出版社や人材紹介サイトが当てはまります。

③ 手詰まり型事業
　他社との差別化も規模拡大による収益性向上も見込めない、優位性構築が困難な事業です。たとえば、セメント業界など過去には規模による格差が存在したものの、コスト低下が進み、企業間格差がなくなってしまった業界です。自社がこの業界に属しているならば、早期撤退を検討するか、売り上げに占める他の事業の比率を上げることが賢明です。また、新規参入を考えているならば参入を見合わせるべきです。M&Aなどにより川下や川上へ進出し、付加価値を高める方法も考えられます。

④ 分散型事業
　個人経営のレストランやブティック、地域密着型で経営する企業の多くが該当する事業です。
　競争要因が数多く存在するものの、どれも決定的な要因とはならないため、圧倒的な優位性構築が困難です。規模を大

アドバンテージ・マトリックス 各事業ごとの収益性

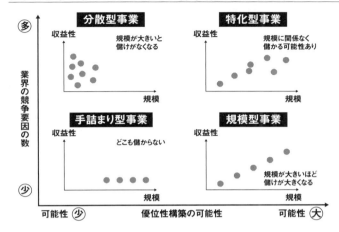

きくしにくい分野であるため、規模を一定に保ち、ほどほどの収益性を確保すべき事業です。事業規模を拡大するとかえって収益性を維持できなくなります。

事業のタイプによって戦略も変わる

このようにアドバンテージ・マトリックスは「業界の競争要因の数」「優位性確保の可能性」の2軸で、業界を2つのタイプに分類しています。

それぞれのタイプによって事業の経済性が異なり、成功の可能性も異なります。

自社はどのタイプに属しているのか、また業界内でリーダーなのか、チャレンジャーなのかなどによって、採るべき戦略が異なります。

07 3C分析

自社とは異なる視点から成功要因に関するヒントを得て、自社の状況と照らし合わせながら自社の戦略に活かすフレームワーク。自社とは異なる立場から利害関係を分析したり、競合を客観的に分析する際に有効。

自社以外の異なる視点で考える

ビジネスには、必ず利害関係が異なる対象が存在します。典型的なのが顧客（Customer）、競合（Competitor）の二者です。

これに自社（Company）を含めた立場の異なる三者の視点を意識して成功要因を整理・分析していくフレームワークがそれぞれの頭文字を取った3C分析です。近年は協力者（Cooperator）あるいは流通会社（Channel）を含めて、4Cと呼ぶこともあります。

顧客(Customer)の視点

ビジネスを行う上で最も重視すべき視点です。具体的には

3C分析

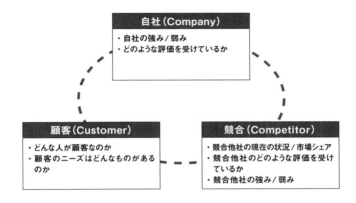

以下のようなものを確認します。

①地理的基準(エリア、人口密度、気候など)
②人口統計学的基準(年齢、性別、家族構成、職業など)
③心理学的基準(社会階層、ライフスタイル、性格など)
④行動基準(購買状況、使用頻度、使用者状態、ロイヤリティなど)
⑤ベネフィット基準(経済性、品質、サービスなど)

　次に顧客が商品・サービスを購買するプロセスから分析を行います。一般に消費者は購買するにあたり、①今何かが足りないと問題を認識する→②その問題を解決する商品・サービスを探す→③探した商品・サービスの評価を行う→④評価の結果から購買品を決定する→⑤購買後の感想を持つ、というプロセスを踏みます。自社の顧客が以上のプロセスのどの

段階にあるかを分析する必要があります。

競合（Competitor）の視点

　次に競合の視点です。競合の視点に立つことにより、市場の状況や規模、自社の客観的評価などを分析することができます。

　ここで忘れてはならないのは、「競合＝既存の競合」に限らないという視点です。自社に影響を及ぼす競合には、既存の競合（同業者）に加え、「潜在的な新規参入候補」や「代替品の取り扱い業者」も含まれることに留意しましょう。

①自社の競合はどこなのか
②自社の強みと弱みはどこにあるのか
③競合は業界をどのように見ているのか
④競合は顧客からどのように見られているか
⑤新たに競合となる会社／商品・サービスはないか

自社（Company）の視点

　最後に自社の視点です。客観性を欠いた独りよがりの分析ではなく、定量的・相対的な裏づけとセットで自社の分析を行いましょう。

①生産力（他社にはない生産技術や商品開発力があるか）
②生産能力（他社より短期間あるいはローコストで同じものを作れるか）

3C分析の例（コーヒーチェーン）

	視点	分析結果：業界4位の某コーヒーチェーンを想定
自社	自社の強みは？弱みは？	【強み】店員がフルサービス、居心地の良さ、ゆったりできる喫茶店感覚と、食事ができるファミレスのいいとこどり。 【弱み】地域特化のため全国的な知名度のなさ
	どのような評価を受けているか？	営業時間が長く、新聞・本を読めるなど居心地の良さを追求している、椅子に座りやすい、食事が安くて美味しい。
顧客	顧客層	サラリーマン、主婦・高齢者の友人、学生などコーヒーを飲む人々
	顧客のニーズは？	美味しいコーヒーが飲みたい。ゆったり滞在したい。居心地の良い空間が欲しい。
競合	競合はどこか？市場のシェアは？	店舗数1位はドトールで、2018年7月期現在グループで国内約1400店舗、スタバの約1300店舗、タリーズ約700店舗。
	競合他社の強みは？弱みは？	スタバ【強み】ブランド力、スタイリッシュな雰囲気、コーヒーの調達能力、【弱み】値段が高い。
	競合はどういった特徴があるのか？	スタバ：「単にコーヒーを飲むだけではない」場づくり、コーヒー以外のドリンクの充実、「スターバックス Wi-Fi」の整備

③市場シェア（他社より大きな市場を確保しているか）
④人材組織（他社より優秀な人材を多く雇用しているか、優れた組織形態を維持できているか）
⑤財務力（他社より財務基盤がしっかりしているか）
⑥購買力（他社より安価に部材などを購入できるか）
⑦販売力（他社よりマーケティングや営業力があるか）

3C分析で成功要因を見つけ出す

　3C分析の着地点は、自社が業界内で勝つための成功要因（KSF：Key Success Factor の略）を見つけ出すことです。KSFは教育や開発、投資など様々な要因が該当しますが、これが自社にあるものなのか、新たに獲得しなければならないものなのかも重要なポイントになります。

08 SWOT分析

環境分析における最も代表的なフレームワーク。自社の強みと弱みを把握して取るべき戦略を導き出す。自社の自己分析を正確に行いたいときや自己分析から的確な戦略を立案する際に有効。

SWOT分析とは

SWOT分析は、環境分析における最も代表的な手法です。まず経営環境を内部環境と外部環境に区分し、縦軸に外部環境と内部環境、横軸に好影響と悪影響を取ってマトリックスを作ることで、自社の環境を客観的に分析します。

①強み（Strength）……自社の内部環境（経営資源）の強み
②弱み（Weakness）……自社の内部環境（経営資源）の弱み
③機会（Opportunity）……自社の外部環境（競合、顧客、マクロ環境など）からの機会
④脅威（Threat）……自社の外部環境（競合、顧客、マクロ環境など）からの脅威

SWOT分析

	好影響	悪影響
外部環境	機会（O）	脅威（T）
内部環境	強み（S）	弱み（W）

	機会（Opportunity）	脅威（Threat）
強み (Strength)	(1) 自社の強みで取り込むことができる事業機会とは何か	(2) 自社の強みで脅威を回避できないか？他社には脅威でも自社の強みで事業機会にできないか？
弱み (Weakness)	(3) 自社の弱みで事業機会を取りこぼさないためには何が必要か	(4) 脅威と弱みが合わさって最悪の自体を招かないためにはどうするか

これらの頭文字を取ってSWOT分析と呼ばれています。

SWOT分析からの戦略の考え方

以上の4つを整理した上で、上記のようなマトリックスを描き、以下のような攻めと守りの戦略を具体化していきます。

①自社の強みで取り込むことのできる事業機会は何か
②自社の強みで脅威を回避することはできないか
③自社の弱みで事業機会を取りこぼさないためには何が必要か
④脅威と弱みが合わさって最悪の事態を招かないためにはどうすべきか

この分析によって、具体的な戦略課題が明らかになり、事

業の進むべき方向性が明確になってきます。

クロスSWOT分析

　ただし、SWOT分析だけでは情報を整理するだけで終わってしまいます。大切なのは情報同士を掛け合わせることで、ビジネスの具体的な打ち手を考えることです。

　そのための有効なフレームワークがクロスSWOT分析です。右ページの表のようにSWOTの要素でマトリクスを作ると、戦略の方向性が見えてきます。

① SO戦略
　外部と内部のプラス要因を掛け合わせて積極的にビジネスを仕掛けていく戦略。

② WO戦略
　自社の弱みを補完し自社の課題を改善することで市場に適応していく戦略。

③ ST戦略
　自社の強みによって脅威に対処していく戦略。外部環境が不利な状況でも自社の強みで解消していく。

④ WT戦略
　自社の弱みと外部の脅威を最小限のリスクで回避する戦略。最悪の状況に陥らないための防御・回避策だが、この戦略を取らざるをえない場合は撤退も検討に入れる。

クロスSWOT分析

		内部環境	
		Strength【強み】自社の強み、長所	**Weakness**【弱み】自社の弱み、短所
外部環境	**Opportunity**【機会】ビジネスチャンスになる要因	積極: **SO戦略** 強みを機会の中で最大化する	改善: **WO戦略** 弱みを補完して機会を活かす
	Threat【脅威】ビジネスに不利になる要因	解消: **ST戦略** 強みによって、脅威に対処する	回避: **WT戦略** 弱みと脅威の最小化、リスク回避

(打ち手を考える定石)

SWOT分析の注意事項

SWOT分析を行う上で、内部と外部を問わず、ある要素が自社にとって好影響か、悪影響かを判断するのが難しいケースが出てきます。

たとえば、「会社の規模が小さい」というのは経営資源やブランド力において大企業よりも劣るという見方をすれば弱みと考えられますし、一般的にはそのように捉えがちです。

しかし、会社の規模が小さいということは、視点を変えれば、組織の小回りが利いたり、意思決定が速いという強みと捉えることも可能です。

つまり、同じ事柄でもプラスに捉えることもできれば、マイナスに捉えることもできるわけなので、表層的な事象だけを見るのではなく、その意味を押さえることが重要です。

09 PEST分析

外部環境のうち、マクロ環境を分析するための手法。「政治的」「経済的」「社会的」「技術的」の4つの側面から事業を取り巻く外部環境を分析する。現在の状況だけでなく、将来的な見通しも含めて分析する必要がある。

PEST分析とは

　SWOT分析で考慮すべき外部環境と内部環境のうち、外部環境は企業が自分ではコントロールできないものです。しかし、ビジネスを展開する上で外部環境からの影響を無視することはできません。

　外部環境はマクロ環境とミクロ環境に分けられますが、マクロ環境は大きく以下の4つの要素に分けられます。

①政治的（Political）環境
②経済的（Economical）環境
③社会的（Social）環境
④技術的（Technological）環境

PEST分析

- 政治 Politics — 法律改正、政権交代、外交など
- 経済 Economics — 景気動向、インフレ・デフレ、GDP成長率、金融指標など
- 社会 Society — 人口動態、文化の変遷、教育、犯罪など
- 技術 Technology — 新技術の完成、新技術への投資、グローバル系 M&A など

PEST分析

以上の4つの外的環境からの影響を分析するのが、4つの頭文字を取った PEST 分析です。以下、詳しく解説します。

①政治的(Political)環境

法律（規制・税制）、政府・関連団体の動向、消費者保護、公正競争、紛争・戦争など

②経済的(Economical)環境

国内外の景気、価格変動（インフレ、デフレ）、貯蓄率、為替、金利など

③ 社会的（Social）環境

宗教、価値観、倫理観、社会規範、世論、教育レベル、習俗習慣、ライフスタイル、流行、人口推移など

④ 技術的（Technological）環境

技術革新、特許、技術のライフサイクル、生産・商品化技術、代替技術など

PEST分析は以上の要素が自社の経営やビジネスにどんな影響を及ぼし、将来的に脅威となるのか、チャンスとなるのかを見極めるのに役立ちます。

右ページに「子ども向けプログラミング教育アプリの開発」という事業企画を例にPEST分析した結果を掲載しました。

ワンランク上のPEST分析

PEST分析は当然、競合企業も行なっています。さらに、PEST分析はマクロの外部環境を把握する手法なので、競合企業のPEST分析の結果も自社のPEST分析の結果とそう違いがないはずです。では、どのようにして競合企業との差をつければよいのでしょうか。

競合企業と差をつけるためには「ワンランク上のPEST分析」が必要です。それには自社を取り巻くマクロの外部環境の変化に注目するにとどまらず、外部環境の変化によってもたらされる影響まで予測するべきでしょう。

たとえば、スマートフォンの登場によってガラケーの利用者が減っていくことは容易に予測できたと思います。ワンラ

PEST分析の例（子ども向けプログラミング教育アプリ開発）

P（政治）
- 2020年から小学校でのプログラミング教育必修化が閣議決定するなど、政府の成長戦略の1つとして、若年時からのプログラミング教育強化の動きが高まっている

E（経済）
- 各分野におけるIT化の進展に伴うシステムエンジニアやプログラマーの需要増加に対し、人材の供給が追いついておらず、産業界から人材育成の要望が高まっている
- プログラミングスキルを持つ人材は安定した就職や高給が見込め、人気が高い

S（社会）
- テレビゲームやスマホなど、プログラミングを基盤とするエンタテインメントコンテンツの需要が急増している。
- AIの普及や進化によって10年後になくなる仕事があると言われており、プログラミングのスキル取得を将来有利と考える親や子どもが増えている

T（技術）
- IotやAIの普及に伴い、大きな生活の変化が起こると考えられる
- IoTやAIの普及が進み身近な存在となることで、幼少からそのようなものに親しんでいる子どもたちの間でテクノロジーへの関心が高まる

ンク上のPEST分析では、スマートフォンの登場によって、ユーザーの間でアプリの利用が広がり、その結果チャットアプリが普及し、コミュニケーションの場がメールやコミュニティサイトからチャットアプリに移るということまで予測します。

PEST分析によって導き出される情報は、自社の事業戦略の機会にもなりうるし、反対にリスクになることもあります。このような情報をPEST分析であぶり出しておくことで、優れた事業戦略の策定につながります。

⑩ バリューチェーン

企業が行う様々な活動を「価値の連鎖」と表現し、事業のプロセスごとの価値と自社の優位性を分析するためのフレームワーク。各事業のプロセスを精査したり、プロセスを見直すことで、戦略の強化を図りたいときに有効。

バリューチェーンとは

バリューチェーン（Value Chain）は、アメリカの経営学者マイケル・ポーターが提唱した言葉で、直訳すれば「価値の連鎖」という意味になります。つまり、事業活動をプロセスごとに分類して考えることです。製造業であれば、原材料の調達から購入者のサポートまでの事業の一連のプロセスを見える化した上で、どのプロセスが高い価値を生み出すのか、自社の競争優位性を構築できるプロセスはどこなのかを分析・評価するためのフレームワークです。

主活動と支援活動

バリューチェーンは、競争優位を生み出す源泉がどのよう

価値連鎖(バリューチェーン)

```
支援活動
  全般管理(インフラストラクチュア)
  人事・労務管理
  技術開発
  調達活動
                                    マージン
主活動
  購買物流 | 製造 | 出荷物流 | 販売・マーケティング | サービス
```

出所：M.E.ポーター著『新訂 競争優位の戦略』(ダイヤモンド社)

な構造になっているかを示すため、事業活動を価値創造活動に分割して表しています。

具体的には、事業の各プロセスを「主活動」と「支援活動」に分けて、最後にマージン（利潤）を加えて価値全体を表現しています。

当然のことですが、この場合の価値とは、自社の視点ではなく、"顧客の視点"から価値があるものです。

価値のあるものは強化し、ないものは縮小・簡素化します。これによって事業の価値を上げていきます。

①主活動

製品・サービスを直接的に顧客に届けるもので、以下の5つに分類されています。

・購買物流（原材料の仕入れから保管のプロセス）

- 製造（最終製品に加工するプロセス。機械やシステムのメンテナンス、検査なども含む）
- 出荷物流（完成品を顧客に届けるプロセス。在庫保管や梱包、輸送も含む）
- 販売とマーケティング（製品価格の設定や広告宣伝活動を行うプロセス）
- サービス（アフターサポートなど顧客フォローのプロセス）

②支援活動

　直接的に製品・サービスを顧客に届ける活動ではありませんが、主活動を支えている活動です。

- 全般管理（経営企画や財務管理など事業活動全般を支援するプロセス）
- 人事・労務管理（従業員の採用、給与の決定、福利厚生などを行うプロセス）
- 技術開発（製品の設計・開発などを含んだ技術が要求されるプロセス）
- 調達活動（社外からモノやサービスを調達するプロセス）

ポーターの3つの競争戦略との関連

　バリューチェーンは前述した「ポーターの3つの競争戦略」（14ページ参照）を具体的に考えるためのフレームワークでもあります。
　たとえば、コストリーダーシップ戦略によって競争優位を確保しようと思うのであれば、どのプロセスでコストを削減

バリューチェーンの例（OAメーカー）

全般管理					
人事・労務管理		募集、訓練		募集、訓練	募集、訓練
技術開発	オートメ・システムの設計	コンポーネント設計、アセンブリー・ライン設計、機械設計、テスト法、エネルギー管理	情報システム開発	市場調査 セールス助成物とテクニカル文献	サービス・マニュアルと手帳
調達活動		原材料 エネルギー 電気／電子部品 他の部品 電力・ガス	コンピュータ・サービス 輸送サービス	媒体代理店サービス 支給物 旅費と食費	スペア部品 旅費と食費
	購買物流	製造	出荷物流	販売・マーケティング	サービス
主活動	原材料仕入業務 品質検査 部品の選択と納入	コンポーネントの製造 アセンブリー 機器調整とテスト メインテナンス 設備稼働	受注処理 出荷	広告 販売促進 セールス部隊	サービス代理店 スペア部品配給システム

（左側：支援活動／主活動、右側：マージン）

できるかを検討すべきですし、差別化戦略で競争優位を確保しようと思うのであれば、どのプロセスで差別化を図るかを考えていきます。

企業はそれぞれの価値創造活動について、コストとその成果を精査し、競合との比較において改善点を探索しなければなりません。そして、常にイノベーションに取り組み、少しでも他社との競争優位性を保てるよう、差別性を創り出していく必要があります。

バリューチェーンの図47ページは、支援活動である調達活動、技術開発、人事・労務管理が各主活動と結びついて、全連鎖を支援していることを示しています。また、全般管理は個々の主活動とは関連性を持たず、連鎖の全体を支援しています。このバリューチェーンのフレームワークは、新規事業を開発したり、協力企業とのアライアンスを構築する際にも重要な情報を与えてくれます。

⑪ VRIO分析

自社の内部資源の価値を把握し、自社の競争力を評価するためのフレームワーク。自社の内部資源を競争力として総合評価してみたいときや自社の内部資源から競争力を相対的に再確認してみたいときに有効。

RBVとは

VRIO（ヴリオ）分析とは、リソース・ベースド・ビュー（Resource-based View　RBV）の考え方に基づいて、企業が持つ内部資源の有効活用の可能性をチェックするフレームワークです。RBVとは、アメリカの経営学者ジェイ・B・バーニーが提唱した戦略論です。

企業が持つ資産、人材、技術力、ブランド、工程、専門能力や組織文化などの様々な内部資源（リソース）のうち、その複製コストが非常に大きかったり、資源が希少で競合が入手する可能性が低いものが競争優位の源泉になるとしています。

その際に内部資源が有効に活用されているかどうかをチェックするのがVRIO分析です。

VRIO分析

経済価値 (Value)	ある経営資源を保有していることで企業が外部環境の機会を活用、あるいは脅威を無力化することができる。	➡ 外部環境（特に市場ニーズ）に合っているか?
希少性 (Rarity)	その経営資源を保有する企業が少数である。	➡ ユニークな経営資源か?
模倣困難性 (Inimitability)	その経営資源の獲得・開発・模倣コストが非常に高い。	➡ 真似されにくいか?
組織性 (Organization)	その経営資源を活用するための組織的な方針や仕組みが整っている。	➡ その強みを活かすべく組織的な措置があるか?

VRIO分析とは

前述したように、企業が競争優位性を維持できるかどうかは、保有する経営資源とそれを活用する能力にかかっているといえます。

この経営資源と能力を分析するためのフレームワークがVRIO分析です。

VRIOとは、企業の内部価値の4要素である経済価値（Value）、希少性（Rarity）、模倣困難性（Inimitability）、組織性（Organization）の頭文字を取ったものです。内部資源を分析するこの4要素を軸にして、自社のリソースの状況を分析します。

これら4つを満たしていれば、持続的な競争優位性を保つことができると判断できます。

① 経済価値(Value)

「その企業の保有する経営資源や活用能力は、その企業が外部環境における脅威や機会に適応することを可能にするか」

　企業の内部資源が市場において経済的な価値があるかという評価です。経営資源とは、ヒト・モノ・カネに加え、情報などの無形資産も含まれます。

② 希少性(Rarity)

「その経営資源を現在コントロールしているのはごく少数の企業なのか」

　企業の持つ技術力などの経営資源が希少なものかどうかを分析します。他に類のない希少性があれば、競争力が高くなる要因となります。

③ 模倣困難性(Inimitability)

「その経営資源を保有していない企業は、その経営資源を獲得あるいは開発する際にコスト上の不利に直面するか」

　他社が真似できない経営資源を保有しているかどうかチェックします。保有していない場合は入手の際のコスト負担、持っている場合は追随されるまでの時間や優位性などの分析を行います。

④ 組織性(Organization)

「企業が保有する、価値があり希少で模倣コストの大きい経営資源を活用するために、組織的な方針や仕組みが整っているか」

　企業の経営資源を有効に活用できる組織体制が整備されて

VRIO分析の例（新規事業として惣菜店に進出）

視点	状況	内容
経済価値 (Value)	○	内食の流れで一定の需要はあるため、売価を抑えることができれば価値はあると考えられる。
希少性 (Rarity)	○	こだわりのオリジナルメニューはスーパーの惣菜との差別化が図れているため、希少性もあると考えられる
模倣困難性 (Inimitability)	△	参入障壁はそれほど高くなく、既存競合にメニューを模倣されるリスクもある。
組織性 (Organization)	△	既存事業の組織形態から変更が必要だが社内整備はできていない。惣菜に対する専門家が不足している。

優位性：小 → 大

いるかどうかを分析します。

重要なのは資源ではなく組織の能力

バーニーはVRIOのフレームワークにある4つの項目のうち、下に行くほど競争優位に資する資源と考え、つまり①経済価値、②希少性、③模倣困難性よりも、④組織性が競争優位を持続させるというのです。組織性とは経営資源を有効に活用するための組織体制を指します。経営資源そのものではなく、その資源を有効活用するための組織の能力です。

外からは見えにくい内部の経営資源をRBVで分析すると、各経営資源の価値や強みが把握しやすくなります。製品の魅力が乏しいにもかかわらず、しっかり収益をあげている企業があるのは、実は組織などの内部経営資源の価値が高いため、という評価もRBVから導き出すことができます。

⑫ リーンスタート アップ

シリコンバレーで生まれたまったく新しい起業手法。起業家や経営者だけでなく、デザイナーやエンジニア、マーケターにも大きな影響を与えた。最低限の機能を持った製品・サービスを短期間で市場に投入し、フィードバックを得る。

顧客の反応を迅速に取り入れる

　リーンスタートアップは、アメリカのシリコンバレーで考案された様々な起業の方法論をマネジメント論として体系化した理論です。提唱者のエリック・リースが、自ら紆余曲折の末にネット上にコミュニケーションサイトで起業した経験を元にこの理論をまとめ、大きな反響を呼びました。

　初期投資を低く抑え、最低限の機能を持った製品・サービスを短期間で少数の顧客に提供し、顧客の反応を観察・分析しながら、製品・サービスの市場性の有無を判断したり、改善して再び顧客に提供するというPDCAサイクルを繰り返すことで、起業や新規事業の成功率が飛躍的に高まるとしています。

リーンスタートアップ

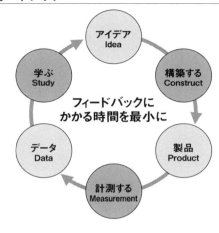

ヒントはトヨタ生産方式

リーンスタートアップとは、「リーン」(Lean 無駄がない)と「スタートアップ」(Startup 起業) を組み合わせた言葉です。提唱者のエリック・リースは自身の手法とトヨタ生産方式の「無駄取り」に共通点があるとしています。

リーンスタートアップの手法

リーンスタートアップは、「構築」→「計測」→「学習」のプロセスを短期間で繰り返します。

①構築

想定した顧客が何らかの新規製品・サービスを必要として

いるという仮説を立て、新規事業のアイデアを練ります。続いて、前記アイデアを元にした実用最小限度の製品・サービス（MVP：Minimum Viable Product）をなるべくコストをかけずに開発します。

②計測
上記MVPを「アーリー・アダプター」（89ページ参照）と呼ばれる、流行に敏感で自ら情報収集を行って判断する顧客に提供して反応を見ます。

③学習
アーリー・アダプターからの反応や意見を元にMVPを改良して顧客に受け入れられるものにします。ここでアーリー・アダプターの反応・意見から最初に立てた仮説自体が誤りだと判断された場合は、仮説そのものを再検討して、方向性の転換を図りますが、この軌道修正をバスケットボール用語になぞらえてピボット（軌道修正 Pivot）といいます。

顧客開発モデル

リーンスタートアップの元になった理論が、スタンフォード大学教授のスティーブン・G・・ブランクが提唱した「顧客開発モデル」です。ブランクは、著書『アントレプレナーの教科書』の中で、以下の4つのステップからなる独自の顧客開発モデルを提唱しました。

①顧客発見（アイデアをビジネスモデルとして仮説設定）

リーンスタートアップにおける顧客開発モデル

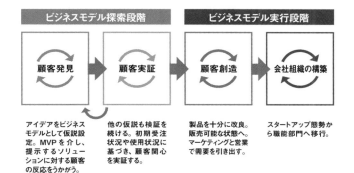

②顧客実証(初期の受注状況や使用状況に基づいて、顧客の関心を実証する)
③顧客創造(製品を十分に改良して、販売可能な状態にする。マーケティングと営業で需要を引き出す)
④組織構築(スタートアップ体制から本格拡大する)

　ブランクは②で思ったような結果が出なければ軌道修正して、①に戻ればよいと述べています。さらにブランクは「スタートアップにチームは2つだけでいい。商品開発と顧客開発だ。マーケティングも営業も事業開発も当座は要らない」と述べています。
　このブランクの教えを顧客開発のみならずマネジメント全体に押し広げ、「リーンスタートアップ」として実践したのがエリック・リースなのです。

第2章

マーケティング戦略

13 STPマーケティング(1) セグメンテーション、ターゲティング

「マーケティングの神様」コトラーが考案したマーケティング戦略の基本プロセス。時代は変わってもその有効性は変わらないマーケティング戦略の王道。細分化した市場の中から自社が狙うべき市場に狙いを定める。

STPマーケティングとは

一般的なマーケティングプロセスとして、「マーケティングの神様」と呼ばれるフィリップ・コトラーのSTPマーケティングがあります。

Sはセグメンテーション(Segmentation)、Tはターゲティング(Targeting)、Pはポジショニング(Positioning)の頭文字を取ったものです。この順番で進めていきます。

STPの前に3C分析やSWOT分析などを用いて外部環境(市場・競合)と内部環境(自社)の分析を済ませておきます。

セグメンテーションとは

セグメンテーションとは「市場の細分化」という意味で、市

コトラーのSTPマーケティング

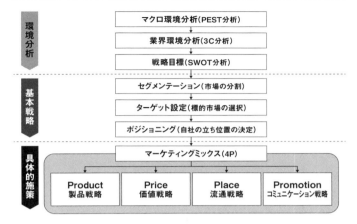

場を一定の基準に従って「同質」と考えられる小集団に切り分けることをいいます。

セグメンテーションをしないで、あらゆる人々のニーズを満たすような商品・サービスを提供することは非常に困難です。モノが充足している現代社会において、消費者の要求は高度化・多様化しています。すべてのニーズを満たすことを意図して商品・サービスを提供しようとすることは、コンセプトが不明確となり、消費者への訴求効果がかえって低くなってしまいます。一方、すべての人が異なるニーズを持っているとはいえ、個々の消費者へ異なる商品・サービスを提供するのもコスト的に現実的とはいえません。

そこでセグメンテーションという手法が必要になります。つまり、共通のニーズ及び類似した購買パターンを持つ顧客グループで市場を分割し、それに応じて商品・サービスを届けることで、より効果的なマーケティングを目指すわけです。

セグメンテーションの基準には、以下のようなものがあります。

① 地理的変数
国・都道府県・市町村などのエリア、都市規模、人口密度、気候などの地理的な基準で市場を細分化します。

② 人口統計学的変数
年齢、性別、家族構成、ライフサイクル、所得、職業、学歴、宗教、人種、国籍などで市場を細分化します。

③ 心理的変数
年齢が同じなど人口統計学的には同一の集団に属する人々でも、社会階層、ライフスタイル（生活様式）、性格などの心理的変数によると、異なる集団に属する場合があります。

④ 行動的変数
製品に対する知識、態度、使用状況、広告への反応などに関する変数で細分化します。

ターゲティングとは

セグメンテーションで市場を小集団に細分化した後はターゲティングへ進みます。

ターゲティングとは、細分化した市場セグメントに対し、その魅力度を評価し、自社が狙うべき1つないし複数のセグメントを選定することです。

セグメンテーションとターゲティングのイメージ

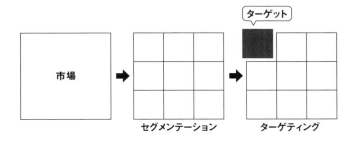

セグメントの魅力度の評価は次の3つの基準で行います。

①規模と成長性……そのセグメントの潜在規模は十分か？
②構造的な収益性……そのセグメントは構造的に収益性をもたらす事業環境か？
③自社戦略・リソースとの整合性……そのセグメントは自社の長期目標や資源スキルなどとの整合性はあるか？

せっかく自社が得意なセグメントを見つけても、市場規模が小さすぎれば開発投資を回収するだけの売り上げを獲得できませんし、現在の規模が十分でも数年したら半分になってしまうようなセグメントでは、継続的なリターンを獲得できません。

14 STPマーケティング(2) ポジショニング

ターゲティングしたセグメントにおいて、「競合との違いを明確にするために必要な軸」を選び、競合と「対照的な位置に来るように」マッピングする。これがポジショニングマップである。

ポジショニングとは

　選定したセグメントに対し、競合より魅力的であることを示すには、他社の特徴と対照的な差別的優位性を描き出し、そのポイントを宣伝する必要があります。これがポジショニングです。これを明示化するには、対照的な差別化ポイントとなりうる特徴を2つの代表的な軸で図示する「ポジショニングマップ」を活用します。

　ここで重要なことは、「消費者または法人顧客にとって魅力的な意味のある差別化ポイントを選び出す」ということです。つまり、ポジショニングの前の時点でマーケティングリサーチなどを通して潜在顧客にとっての重要な特徴を十分に把握しておく必要があります。

　たとえば、数パーセント程度の価格の値引きにはそれほど

ポジショニングマップの例（アロマテラピー商品）

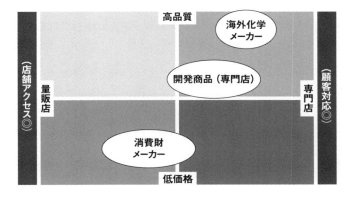

反応しない（価格弾力性の低い）ラグジェリー商品や希少性の高い製品に対し、価格の安さをプロモートすることはいたずらに製品の利益率を下げるだけでなく、最も重要なブランドや信頼性といった無形資産を棄損することになりかねません。したがって、幅広いポイントの検討対象に基づきながらも、自社製品にとって意味のある差別化ポイントに絞り込んだ上でポジショニングを決定する必要があります。

差別化ポイントの範囲は幅広く、常に体系的に捉え、個別製品ごとにゼロベースで検討していくことが重要です。

差別化のポイント

では、具体的にどのような視点で差別化を図ればいいのでしょうか。

コトラーは以下のような4つの視点で差別化を検討するこ

とができるとしています。

①製品の差別化……機能特性、成果、品質、性能のばらつき具合、耐久性、信頼性など
②サービスの差別化……デリバリー、設置、訓練など
③社員の差別化……能力、丁寧さ、信頼度、反応の素早さなど
④イメージの差別化……シンボル、活字メディア、イベントなど

　実際のポジショニング検討の際には、2つの軸を選んで二次元のマップを描き、自社が最も強い競合と捉えている会社の製品のポジションと自社のポジションが対称となるような軸を選びます。たいてい、自社を右上、競合製品を左下に位置づけた上で差別化を検討します。

差別化のポイント

1 製品の差別化

・機能特性（製品の基本機能に付け加えられる諸機能）
・成果（製品の本体的機能が働く程度）
・品質や性能のばらつき具合
・耐久性
・信頼性
・修理のしやすさ
・スタイル（見た目のデザイン）
・デザイン（製品の差別化要因全体との整合性がとれた設計全体）

2 サービスの差別化

・デリバリー（速やか、かつ柔軟な配達・設置）
・設置
・顧客訓練
・コンサルティングサービス
・修理

3 社員の差別化

・能力（知識とスキル）
・丁寧さ
・信頼感や安心感
・反応の素早さ
・コミュニケーション力

4 イメージの差別化

・シンボル
・活字メディアやマルチメディア
・建物や建物空間
・イベント

⑮ STPマーケティング(3) マーケティング・ミックス

「セグメンテーション→ターゲティング→ポジショニング」という一連のプロセスを経て明確になったマーケティング戦略を実践するために必要な戦術（4P）の最適かつ整合性の取れた組み合わせを考える。

マーケティング・ミックスとは

　自社の狙うべきポジションが明らかになったら、次にそのポジションを確立するために、自社がコントロールできる製品（Product）、価格（Price）、チャネル（Place）、プロモーション（Promotion）という一連のマーケティング戦術を整合性のある形で決定していきます。

　これを「マーケティング・ミックスの最適化」といい、前述の4つの戦術をそれぞれの頭文字を取って「マーケティングの4P」といいます。

マーケティング・ミックスの最適化

　マーケティング・ミックスの最適化を考えるために4Pに

マーケティング・ミックス

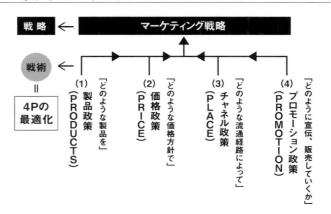

ついて解説します。

①製品施策(Product)

マーケティングの対象となる商品・サービスそのものについて考えます。

決定した標的市場に対し、取り扱うべき製品群をどのようなものにするのか、製品の幅・深さなどをどうするか、といった機能や品質はもちろん、消費者または法人顧客が求めるレベルのニーズやウォンツを満たすような価値を提供すべきか、といった製品全般のコンセプト（ブランド、アフターサービスなども含む）について設定します。

②価格施策(Price)

文字通り製品の価格設定を扱います。ここでは、製品の価値を顧客へ表示するという売り手の視点と、その価格の決定

によって自社の利益を最大化するという買い手の視点の2つがあります。このように価格の設定は極て重要です。

③チャネル政策（Place）

製品を最終消費者に到達させるためにはどのような流通経路を利用すれば最も効率的であるかを設定します。物流や卸、小売店、ネット販売などすべてのチャネルについて考えます。

④プロモーション政策（Promotion）

ここでいう「プロモーション」とは、「人的販売によるもの」「広告」「狭義のプロモーション（いわゆる販促）」「記事や取材につながる広報（パブリシティ）」など、消費者に製品の価値をPRする最適な手段すべてを意味します。

整合性のある組み合わせを

このように自社のマーケティング戦略に基づく具体的な計画の策定には、4Pそれぞれを組み合わせていく必要があります。

マーケティング・ミックスは、STPを経て策定したマーケティング戦略に基づいて、「整合性が取れるように組み合わせる」ことこそが最大の目的です。たとえば、価格面では低価格施策を取りながら、一方で莫大な広告費をかけたり、教育された販売スタッフのいる専売チャネルで流通させるなどの矛盾した個別施策をしないことが重要です。

つまり、マーケティング・ミックスにおいては、「STPによって固まったマーケティング戦略に沿った個別施策の組み

有名企業のマーケティング・ミックスの例

	Product（製品）	Price（価格）	Place（流通）	Promotiom（販促）
スターバックスコーヒー	コーヒー及び「サード・プレイス」（家でも職場でもない第三の場所）	コーヒー1杯300〜500円台。コンビニコーヒーより高いがホテルより安い	直営店のみ。広告宣伝を行わず、パブリシティや口コミ、店頭看板のみ	大都市中心の直営店がメイン
ドモホルンリンクル（再春館製薬）	年齢を重ねた女性の肌悩みを解決するためのエイジングケア化粧品	基本セットが1カ月分が3〜4万円と高額	電話やダイレクトメールを中心とした通信販売	主婦が観る時間帯のテレビCMや新聞広告、折り込みチラシなどマス広告
ヘルシア緑茶（花王）	茶カテキンが豊富で、濃く苦い緑茶。トクホのお茶で、体脂肪燃焼効果が期待できる。	通常の緑茶より割高。プレミアム感を出すことで「効きそう」という期待感がアップ。	花王には自販機がないので、コンビニで売り出し。ビジネスマンでも手に取りやすい。	テレビ等のマス広告で認知度アップ。プル戦略を効果的にとった。
ライフネット生命	20〜30代の子育て世代のための生命保険	死亡保障500円〜、医療保障1000円台〜など明確で低料金	検索エンジンやSNSなど、ネット上の広告や口コミ	インターネットからの販売に限定

合わせになっているのか」の確認が重要なのです。

近年は「7P」とも

近年、サービス業においては、マーケティング・ミックスは「人（People）」「プロセス（Process）」「物的証拠（Physical Evidence）」を加えた7Pが用いられることもあります。

⑤「人（People）」……サービス提供者、顧客、その他スタッフなど
⑥「プロセス（Process）」……方針と手順、生産スケジュール、教育など
⑦「物的証拠（Physical Evidence）」……物の配置、素材、形など

16 プロダクト・ポートフォリオ・マネジメント分析

自社内の複数事業を「市場の成長率」と「自社のシェア」の2軸でポジショニングすることで、どの事業に「選択と集中」を行って、限りある経営資源の投入を行えばいいかを検討する際に便利な手法。

BCGが開発

1960年代、アメリカ企業が巨大化・多角化する中で、複数ある自社事業の最適なバランスを分析する事業ポートフォリオが注目されました。その代表的なものがBCG（ボストン・コンサルティング・グループ）が開発したプロダクト・ポートフォリオ・マネジメント（PPM）分析です。

前提となる考え方

プロダクト・ポートフォリオ・マネジメント分析は、以下の考え方を前提に、資金を回収する事業、先行投資する事業を見極めて、バランスよく組み合わせていきます。

PPM分析

市場成長率もシェアも高い商品

成長が高く稼ぎの出る商品だが、そのため競合が多く、設備投資にも資金がかかり、現状では大幅な稼ぎには至っていない。

➡ 現在の取り組みを維持する段階

市場成長率は高いが、市場シェアが低い商品

市場シェアを拡大するのには大きな投資が必要となる一方で、放っておくと撤退せざるを得なくなる。

➡ 育成すべき段階にある

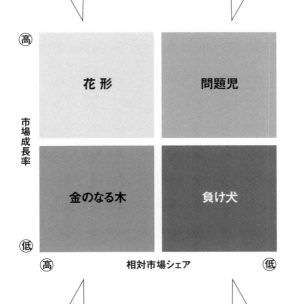

市場成長率が低く、自社のシェアが高い商品

すでに市場の成長が終わっているので新たな設備投資がいらないため、潤沢な利益を生み出す稼ぎ頭。

➡ さらなる投資は抑えて資金を回収する段階

市場成長率も市場シェアも低い商品

稼ぎが低い分、投資もさほどいらない。もはや大きな稼ぎに育てることはできない。

➡ 撤退する段階にある

①どんな製品もいつかは成長が鈍化する
②成長性の高い事業は多くの投下資金を必要とする
③市場シェアの低い企業よりも高い企業のほうが収益性は高い

「市場の成長率」と「自社の市場シェア」

　具体的にプロダクト・ポートフォリオ・マネジメント分析では、縦軸に「市場の成長率」を、横軸に「自社の市場シェア」を取り、自社の製品を以下の4つに分類します。

① 花形（Star）
　市場成長率も自社の市場シェアも高い花形製品です。成長性が高く大きく稼げることが期待できますが、競合も多く、設備投資にもコストがかかっているため、現状では大きな稼ぎを生み出すには至っていません。したがって、将来大きな稼ぎを生み出せるように現在の取り組みを維持することが重要となります。

② 問題児（Question Mark）
　市場成長率が高いにもかかわらず自社の市場シェアが低い製品です。市場は成長していてもシェアが低いので大して稼げていません。「問題児」と呼ばれる所以は、市場シェアを拡大するには多額の投資が必要である一方、放っておくと撤退せざるを得なくなるからです。ただし、市場成長率が高いため、戦略次第で「花形」や「金のなる木」に育つ可能性もあり、育成すべき段階にあるといえます。

③金のなる木（Cash Cow）

　市場成長率が低く自社の市場シェアが高い製品です。すでに市場の成長が終わり新たな設備投資が不要なため、潤沢な利益を生み出す稼ぎ頭といえます。しかし、この製品だけでは将来的に売り上げが落ち込んでいくだけです。そこでこの事業で回収した資金を将来の「金のなる木」となる製品に投資していくことが必要となります。

④負け犬（Dog）

　市場成長率、自社の市場シェアともに低い製品です。稼ぎが低い分、投資もさほど要りません。今から大きな稼ぎ頭に育てることは難しいので、撤退を考える段階にあります。

　このようにPPMは、事業の選択と集中を図り、それぞれの事業で生み出す利益の振り向け方を検討するのに有効です。

PPMの活用方法

　このように自社が行う複数の事業を4つに分類することで、「金のなる木」で得たキャッシュを「問題児」への投資に回し、この投資で自社の市場シェアを高めた「問題児」を「花形」、さらに「金のなる木」に育てることが理想になります。

　プロダクト・ポートフォリオ・マネジメント分析は便利なツールですが、もちろん完璧ではないことも理解しておきましょう。たとえば、市場成長率と自社の市場シェアがともに低い「負け犬」事業でも、社会貢献という視点からあえて撤退せずに継続するという判断もありえるからです。

⑰ ジョブ理論

顧客がモノを買うことは「"ジョブ"を解決するための商品・サービスを雇うこと」。『イノベーションのジレンマ』でクリステンセンが提唱する、ビッグデータやAIでも解明できない人間の購入メカニズムの深層に着目した新たなアプローチ。

ジョブ理論とは

ジョブ理論とは、『イノベーションのジレンマ』（本書 134 ページ参照）などの著作で知られるアメリカの経営学者クレイトン・クリステンセンが提唱した理論です。

ヒット商品が生まれる理由を明らかにするとともに、実践的なアドバイスもしています。

ジョブ理論の内容

ジョブ理論の内容を簡単に説明すると次のようになります。

人々には現状を改善するため、あるいは現状を進歩させるために、やるべき多くの「ジョブ」が発生します。そのジョブを片づけるために人々は商品・サービスを"雇う"必要が

ジョブ理論

従来のマーケティング手法

値段を安く?量を多く?
もっと固く凍らせる?
チョコレートの味は?

アンケートの一番数の多い回答を実施して
ミルクシェイクの売り上げはUPしなかった

「ジョブ理論」を取り入れたマーケティング手法

来店客の生活に起きた
どんな"ジョブ"が、
彼らを店に向かわせ、
ミルクシェイクを
"雇用"させるのか?

出社前にやってきた客が片づけたい"ジョブ"

朝、仕事先まで長く退屈な運転をしなければならない。
通勤時間に気を紛らわせるものが必要。
バナナでは、すぐに食べ終わってしまう。
ドーナツでは、手もハンドルもベタベタになってしまう。

"ジョブ"の解決にもっとも適したミルクシェイクを"雇用"する

朝、ミルクシェイクをさらにたくさん
売るためには…
退屈な通勤時間をなるべく長く対応できるように、
より濃厚なミルクシェイクが望まれる

子供を連れてやってきた客が片づけたい"ジョブ"

妻に内緒で子供に、いい顔をして
優しい父親の気分を味わう。

ミルクシェイクを"雇用"

午後、ミルクシェイクをよりたくさん
売るためには…
父親の後ろめたい気持ちが
短い時間で済むようにハーフサイズを
準備するのがよいのでは

出所: クレイトン・M・クリステンセン著『ジョブ理論』(ハーパーコリンズ・ジャパン)

あります。それがジョブに適していると判断すれば人は購入するし、その結果、その商品・サービスがジョブをうまく片づけてくれたら、次に同じジョブが発生したときも人はその商品・サービスを雇用するし、そうでなかった場合は解雇するという考え方です。

このように、ジョブ理論の特徴は「人々がモノを購入するのは、自分のジョブを解決するために商品・サービスを雇うこと」と見なした独自の考え方です。ここでいう「ジョブ」とは、進歩するために顧客が片づけるべきことを指します。

なぜ注目されるのか

ジョブ理論が注目される背景として、従来型のリサーチ型マーケティングへのアンチテーゼがあります。

性別、年齢、所得、居住地域などの顧客の属性を調査するマーケティングリサーチは近年ビッグデータ解析やAI（人工知能）などの最新テクノロジーも取り入れて、ますます大量のデータをスピーディに処理することが可能になっています。

しかし、そのような膨大なデータを駆使しても、それらは製品・サービスの品質改善や競合との差別化には役立つものの、多くの消費者から支持されるようなイノベーティブな商品・サービスを予測することはできないとされています。なぜなら、顧客の目的は商品・サービスの購入ではなく、自分自身の「進歩」であるからです。

顧客がモノを購入したとき、何が顧客にそのような行動を取らせたのか、何を真に理解しなくてはならないかという、顧客発想への回帰を、クリステンセンはジョブ理論を通じて訴

えているのです。

ジョブの見つけ方

『ジョブ理論』の中でクリステンセンはジョブを見つけるための手法をいくつか紹介しています。

①生活の中の身近なジョブを探す

自分の生活の中にある「片づけるべきジョブ」を理解することは、市場調査よりも多くのヒントを与えてくれます。

②「無消費」と競争する

「無消費」とは顧客が何も「雇用」していない状態です。他社との競争からいったん離れて、見えない需要を探してみるべきだとしています。

③人々のやりくりや代替行動に注目する

ジョブが解決できずに一時的な施策で苦労している顧客と対話することで、何を求めているかを探るべきとしています。

④人が嫌がる「否定的ジョブ」に意識を向ける

人がやりたがらない「否定的ジョブ」こそ、まさにイノベーションの卵であると考えるべきとしています。

⑤商品・サービスの想定外の使われ方を観察

企業が想定していない使われ方にも、イノベーションのヒントが隠されているとしています。

⑱ フリーミアム

基本的なサービスや製品は無料で提供し、高度な機能や特別な機能については料金を課金する仕組みのビジネスモデル。インターネットを介して提供される商品・サービスとの親和性が非常に高い。

基本サービスは無料で提供する

フリーミアム（Freemium）とは、大多数のユーザーに無料でサービスを提供する一方で、特定のユーザーからは料金を徴収するというビジネスモデルです。フリーミアムとは、「無料（free）」と「割増（premium）」を合わせた造語です。

無料ユーザーに対しては基本サービスのみを提供し、有料ユーザーに対しては付加価値の高いサービスを提供します。無料でもそれなりの機能を提供する一方、有料ユーザーにはそれを上回る高度な機能を提供することで課金に誘導します。

主にネット企業が採用するモデル

このフリーミアムのビジネスモデルを採用しているのは主

フリーミアムのしくみ

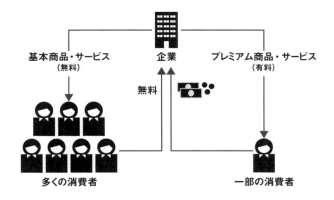

にインターネットでサービスを展開する企業です。たとえば、レシピを提供するクックパッド、乗り換え経路を提供するナビタイムがそうですし、有料スタンプに課金するLINE、アイテム課金するオンラインゲームなども該当します。ネットでサービスを提供する企業にとって、フリーミアムは欠かせない戦略の一つとなっています。

フリーミアムという新しいビジネスモデルが一般化するようになった背景には、サーバーなどのネットのインフラが安価で利用できるようになったことと無関係ではありません。

無料ユーザーの役割

フリーミアムで提供されるサービスの多くがウェブサービスであるため、無料ユーザーはそのサービスの存在を広める協力者という側面を持ちます。無料で多くの人にサービスを

利用してもらうことでサービスの知名度が上がり、結果として有料ユーザーが増える起爆剤とすることができるからです。

また無料ユーザーからサービスの品質に関するフィードバックを得ることで、改善も進んでいきます。

無料でも高品質が求められる

フリーミアムを使ったビジネスが成功するかどうかのポイントは、無料サービスと有料サービスをいかにうまく棲み分けられるかだといえます。

前述したように、無料サービスはサービスの知名度を上げるための役割を担うので、単なるお試し版ではなく、多くのユーザーに口コミで広げてもらえるくらいのレベルが求められます。かといって、無料サービスをあまりに充実させてしまうと、有料サービスを使うユーザーの数が伸びず、ビジネスとして成り立たなくなってしまいます。

実際、フリーミアムを成功させている企業の多くは、ユーザー全体のうちわずか5％しか占めていない有料ユーザーで支えられているといわれています。

収益に直接貢献しない無料ユーザーを満足させて会員数の母体を増やしつつ、それを上回る満足を有料ユーザーに提供するという、まさにユーザーの心理にまで踏み込んだ周到なサービス設計が求められるといえます。

フリーミアムに適したビジネス

まだ発展途上であるフリーミアムですが、これまでの成功

価格戦略の種類

戦略分類	戦略名
フリー戦略型	フリーミアム (フリー戦略)
	内部相互補助 (ロスリーダー、EDLP)
	三者間市場 (ツーサイド・フラットフォーム)
プライスライニング戦略型	ハイ・ロー・プライシング
	松竹梅戦略
抱き合わせ戦略型	キャプティブ戦略
	クロス・セル

※ 複数プロダクトでの戦略案

企業の事例からある程度の法則を導くことができます。

たとえば、「ドロップボックス」や「エバーノート」のように、ユーザーが増えるに従いサービスの品質向上が期待できるものは成功しやすいといえます。また、これまでになかったサービスはその価値を理解して体験してもらうための機会として無料提供という手段が有効といえます。

一方、あまりに専門性が高く、受益者が限定されてしまうサービスは、口コミを通して不特定多数の無料ユーザーを爆発的に広げるというフリーミアムのビジネスモデルに合わないといえます。

このようにフリーミアムで成功するには、単純に無料ユーザーと有料ユーザーという受益者の棲み分けだけでなく、第三者からの広告収入といったもう１つの柱をつくることも重要になってきます。

⑲ プロダクト・ライフサイクル

商品・サービスの競争力と寿命を管理するためのモデル。商品・サービスの長期的なマーケティング戦略を練るときや、売上数の変化など市場に動きがあったときの戦略を考える際に便利。

プロダクト・ライフサイクルとは

多くの製品には、①導入期、②成長期、③成熟期、④衰退期という4つの段階が存在します。この製品が市場に投入されてから、次第に売れなくなり、ついには市場から姿を消すまでの一連の流れをプロダクト・ライフサイクル（Product Life Cycle PLC）といいます。

それぞれの段階における製品の売り上げと利益の変化を分析することによって、各段階ごとに適したマーケティング戦略を実施していく必要があります。自社の商品・サービスがプロダクト・ライフサイクルのどの段階にあるのかをチェックし、戦略にズレやヌケ、モレがないか、確認しましょう。

プロダクトライフサイクル

```
売上
   投資          投資
    大    投資    中    投資
         最大          小

         導入期 成長期 成熟期 衰退期    時間軸
```

プロダクト・ライフサイクル4つの段階

プロダクト・ライフサイクルの4つの段階について詳しく説明すると以下のようになります。

① 導入期

需要がまだ小さいため、初期需要を創り出すことが基本目標となります。製品の認知度を高め、製品の使用方法やこれまでの製品との優位性をアピールする活動が必要になるため、マーケティング費用がかかり、利益を生み出しにくい段階です。

② 成長期

需要が大きくなり、売上高が急速に増大します。製品の認

知度が高まることに合わせて、顧客を教育する必要が出てきます。市場が拡大すると同時に競合も増えていきます。有望なセグメントを見つけたり、ユニークな差別化ができれば、シェアを一気に獲得することも可能です。

③ 成熟期
消費者の大半が購入済みとなり、市場が飽和した結果、売上高も停滞・低下し始めます。この段階では製品の機能ではなく、プロモーションや包装で差別化を図るのが有効です。

④ 衰退期
売上高も利益も急速に落ち込むので、撤退やイノベーションによる新たな価値の創造など、新たな戦略が必要になります。

プロダクト・ライフサイクルの活用

プロダクト・ライフサイクルが役立つのは、寿命の短い商品・サービスを多数抱えている場合です。成熟期の商品・サービスに頼り、新商品・新サービスを市場に投入するタイミングを見誤ると、成長期の商品・サービスが提供できずに、売り上げや利益に大きな影響を与えかねません。それぞれの商品・サービスがプロダクト・ライフサイクルのどのようなステージにあるかを把握した上で、タイムリーな市場投入を考えましょう。

ただし、プロダクト・ライフサイクルは一般的なモデルで、すべての商品・サービスに当てはまるわけではありません。

プロダクトライフサイクルごとの戦略

	導入期	成長期	成熟期	衰退期
売上高	低い	急成長	低成長	低下
利益	マイナス	ピークへ	低下へ	低下
キャッシュフロー	マイナス	プラスへ	プラス	マイナスへ
競合企業	ほとんどなし	増加	多い(特徴ある競争者)	減少
コミュニケーション戦略	教育啓蒙的	特徴の強調	実利的手段	効果の減衰

強烈な競合の登場で成長期から一気に衰退期に陥ることもありますし、成熟期に入った商品・サービスがテコ入れによって、再び成長期に戻ることもあり得ます。

たとえば、自動車や冷蔵庫などはある程度のマイナーチェンジで数年から十数年売れ続けることもありますが、音楽や書籍などは一部の定番商品以外、プロダクト・ライフサイクルが短いため、常に新しい商品・サービスを市場に供給し続ける必要があります。すべての商品・サービスがヒットするとは限らないため、リスクを背負いつつ継続的な競争優位性を構築することが非常に難しい業界といえるでしょう。

最近では、技術革新のスピードや消費者ニーズの移り変わりの速さから、業界を問わずサイクルの周期がどんどん短くなる傾向にあります。

⑳ キャズム

新製品が市場で受け入れられるために乗り越えなくてはならない"溝"。新商品の市場での反応を考察したい際や一部の好評価を全体のヒットにつなげたい場合に有効。普及率16％がヒットのメルクマール。

イノベーター理論

　新製品や新技術は市場の進化や発展に欠かせません。しかし、多くの消費者が新技術を受け入れるまでにはいくつかの段階があります。

　この新製品や新技術が普及していくモデルを明らかにしたのが、スタンフォード大学教授のエベレット・M・ロジャースが提唱したイノベーター理論です。

イノベーター理論による消費者の分類

　イノベーター理論では、新製品購入の早い順に消費者を5つに分類しています。

キャズム

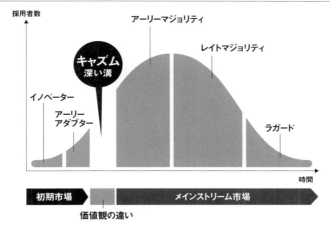

①イノベーター(革新者)

　新技術や新ジャンルの商品が大好きな、いわゆる新し物好きの層です。技術志向が強く、新商品を真っ先に購入します。市場全体に占める割合は2.5％程度です。アメリカではgeek(ギーク)と呼ばれます。

②アーリー・アダプター(初期採用者)

　イノベーターに続いて早期に購入する層です。情報感度が高く新製品から受けるメリットを高く評価し、自分が魅力を感じることができたら購入します。市場全体の13.5％程度を占めます。

③アーリー・マジョリティ(初期多数派)

　比較的慎重な大衆層ですが、平均よりは早く新製品を購入します。アーリー・アダプターの感想や実用性などを確認し

てから購入を決める現実派です。市場全体の34.0％程度を占めます。

④ レイト・マジョリティ（後期多数派）

新製品を使うことに抵抗が強く、新製品が市場の半分程度浸透して初めて購入を決める、保守的な大衆層です。市場全体の34.0％程度を占めます。

⑤ ラガード（動作の遅い人）

いわゆる石頭。新製品に懐疑的で苦手意識が強い層です。流行などに関心が薄く、周りのほとんどが購入しても買おうとしません。市場全体の16.0％程度を占めます。

キャズムとは

新製品の中には、③のアーリー・マジョリティに浸透する前に、代替品に駆逐されてしまう例も少なくありません。このアーリー・アダプターとアーリー・マジョリティの間に横たわる隔たりをキャズム（chasm 深い溝）といいます。

キャズムを提唱したジェフリー・ムーアは、キャズムが生まれやすい製品として、BtoB向けハイテク製品を挙げています。理由として、アーリー・アダプターはブレークスルーを求めるのに対し、アーリー・マジョリティは改善や実利を求める傾向が強く、両者の行動パターンの違いによるものとしています。

キャズムを超えるための施策（ITサービスの場合）

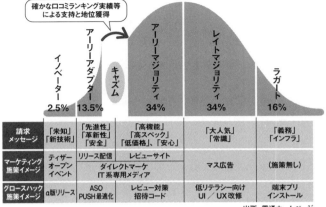

出所 電通ホームページ

キャズムを越えるには

新製品がヒットするには、①イノベーターと②アーリー・アダプターを合わせた市場全体の16％以上、すなわちキャズムを越えて③アーリー・マジョリティの層にどれだけ浸透させられるかです。普及状況に応じてターゲットを見直す必要もあります。

このキャズムを越えるための方法論がキャズム理論です。以下の順序で仕掛けます。

第1段階：タイミングを見極めてライバル不在の市場を選ぶ
第2段階：最初のターゲットを選ぶ
第3段階：最初のターゲットを攻略する
第4段階：さらにターゲットを広げる

21 ブランド・エクイティ

ブランドの持つ資産的価値を初めて体系的に解説。ブランドをヒト・モノ・カネと同じように経営資源として捉えて管理すれば企業価値を高めることができるとした、現代ブランド論の基本的な考え方。

有形資産から無形資産へ

「ブランド・エクイティ」(Brand Equity)とは、ブランド研究の第一人者であるデービッド・A・アーカーによって提唱されました。

企業価値はその企業が将来どれくらいの収益を生む可能性があるかで決まります。従来は土地や設備などの有形資産に重きが置かれていましたが、近年は特許や営業力などの無形資産にウェートが移っています。ブランドもその一つです。

ブランドは、企業と消費者のコミュニケーション手段の一つであるとともに、広告やマーケティングの範疇にとどまらず、経営の中核をなすものになりつつあります。ブランド強化は、経営陣が陣頭指揮を執り全社で推進、マネジメントするべき課題になっているのです。

ブランド・エクイティの構成要素

ブランド・エクイティ
Brand Equity

- **ブランド認知**
  Brand Visibility
  - 単なる認知度(Awareness)ではない
  - 消費者に商品・サービスのカテゴリが正しく認識されているか
  - それがレレバンス(関連性)を伴っているか
  - レレバンスがあればカテゴリニーズが生じたときに、考慮集合に入る確率が高くなる

- **知覚品質**
  Trust & Perceived Quality
  - 消費者が購入目的に照らし合わせて、考慮集合にあるものと比較する際、購買を動機づけるだけの知覚できる優位性や識別性があるか
    - パフォーマンス(車なら、加速性、操縦性、安全性、速度など)
    - 付加機能(洋服のUV対応、形状安定など)
    - 付加サービス(アフターサービス、保護など)

- **ブランドロイヤリティ**
  Brand Loyalty
  - 顧客がブランドに対して、どの程度忠誠心=ブランドロイヤリティを持っているか
  - 購買・使用経験者をベースに継続購買につながる態度の大きさを測定

- **ブランド連想**
  Brand Association
  - 消費者が、そのブランドに関して連想できるすべてのもの
    - 消費者の直接体験、広告/他社からの伝言
    - ブランド連想は競合との差別化の重要な基盤
      └ ポジティブで強い連想
  - ブランドのイメージがどの企業(商品・サービス)の範囲まで及ぶかを測定 事業機会の最大化を支援

ブランド価値を構成する4要素

ブランド価値を構成する4つの要素は次のようなものです。

①ブランド認知（Brand Visibility）

「そのブランドがどのくらい知られているか」「どのように知られているか」を指します。消費者はよく知っているブランドを安心して購入する傾向にあります。

②知覚品質（Trust & Perceived Quality）

顧客がそのブランドの品質に対して下す評価のことです。メーカーが考える品質と消費者による評価はしばしば乖離（かいり）しています。消費者から認知されたブランドにとって価値ある品質であるといえます。

③ブランドロイヤリティ（Brand Loyalty）

消費者がそのブランドに対してどのくらい忠誠心を持っているかということです。新規顧客を開拓するにはコストがかかるため、ロイヤリティが高い既存顧客はブランドの基盤を強固なものにします。

④ブランド連想（Brand Association）

顧客がそのブランドについて連想できるすべてのものを指します。たとえば、コカ・コーラやマクドナルドはアメリカ文化を連想させます。ブランドに結びつけられた連想は、そのブランドポジションを強固なものにします。

ブランド戦略

デービッド・A・アーカーは、成功するブランド戦略として次の4パターンを挙げています。

① 製品ライン拡張

新しい風味、新しいパッケージ、新しいサイズなど、既存ブランドと同じ製品クラス内で新バージョンを創出します。

② ブランドの下方伸張

消費者のリーズナブルな志向に合わせて、受け入れ可能な品質と特徴を備えた普及版の製品を提供します。

③ ブランドの上方伸張

企業の状況によっては、より高いクラスの製品を出すことによって利益を得ることができます。たとえばハイクラスのプレミアムコーヒーや高級車を展開するような施策です。

④ ブランド拡張

既存のブランドを使って別の製品カテゴリーに参入し、優位性を得ようとする施策です。既存ブランドの連想や認知度を高め、補強する効果もあります。

⑤ 提携ブランド

ある企業が別の企業と提携することにより、リスクを負わずに異なった製品クラスに参入することができます。

㉒ AIDMAとAMUTUL

顧客が商品・サービスを購入するまでの心理プロセスを分析したフレームワークがAIDMA。購買におけるインターネットの位置づけの拡大に伴い、様々なバリエーションが登場。AMTULもその一つ。

消費者行動モデルの変遷

消費者が商品を認知してから購入するまでに辿る心理プロセスを「消費者行動モデル」といいます。

時代の推移とともにメディアの種類が増え、消費者へのアプローチも変わりつつあることから、この消費者行動モデルも変化しています。

ここでは消費者行動モデルの基本であるマスメディア広告型の「AIDMA」と「AMTUL」を紹介します。

AIDMA（アイドマ）とは

AIDMAは、1924年にアメリカのサミュエル・ローランド・ホールが提唱した概念です。

AIDMAとAMTUL

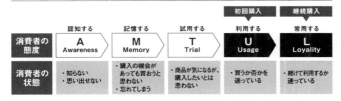

以下のプロセスを経て、消費者は商品・サービスを購入するとしています。

①Attention（注意）：注目して認知する
②Interest（興味）：興味・関心を持つ
③Desire（欲求）：商品を欲しくなる
④Memory（記憶）：購入の動機として欲求が記憶に残る
⑤Action（購買行動）：購入する

AMTUL（アムツール）とは

AMTULは、経済評論家の水口健次が1978年に提唱したとされる概念です。

AIDMAが短期的な購買衝動を説明するのに対して、AMTULは長期的な心理の移り変わりを表したモデルです。

①Awareness（認知）：認知する
②Memory（記憶）：購入の検討材料として商品を記憶する
③Trial（試用）：まずは試してみる
④Usage（本格的な使用）：気に入れば繰り返し購入する
⑤Loyalty（固定客化）：ファンになる

　企業が安定して利益を出すためには、固定客は非常に大切な存在です AMTUL モデルは、多くの企業にとって、マーケティングを考える際に参考にしたい消費者行動モデルです。
　さらに、AMTUL モデルは各段階を数値化しやすい特徴があります。そのため、ダイレクトレスポンスマーケティングと相性の良いモデルであるともいえます。

AIDMA・AMTULの特徴

　AIDMA や AMTUL は、主にテレビ・ラジオ・新聞・雑誌などのマスメディア広告を使った際の心理的プロセスです。
　消費者はいずれも、売り手が発信する情報（広告物）に触れることで、初めて商品を認知するという特徴があります。
　そのため、消費者の注意を引くためには、記憶に残るようなインパクトのある言葉やビジュアルが必要だという考えがありました。

消費者行動モデルの役割

　消費者行動モデルは、セールスの流れの確認や、問題点を発見することに役立ちます。

購買決定プロセスの変遷

年代	購買決定プロセス	モデル名	ポイント
1900〜	マスメディア広告型	AIDA、AIDMA、AMTUL	ネット普及以前
2005〜	インターネット検索型 ※少し古い	AISAS	AIDMAに変わる消費行動モデルであり、SNS普及以前の検索+シェアモデル
		AISCEAS	検索+シェアの他に比較+検討を加えたモデル
2010〜	ソーシャルメディア共有型 ※SNSに特化しすぎて商材を選ぶ	VISAS	ソーシャルメディア共有型消費者行動モデル
		SIPS	SNSの共感が動線となり共有・拡散するモデル
2015〜	コンテンツ発見型 ※Dual AISASなら汎用性が高い	DECAX	コンテンツのディスカバリーから関連するコンテンツを深堀していくモデル
		Dual AISAS	AISASに「広めたい」を加えたことにより、アテンションを補完したモデル

出所 ADiro

　消費者行動モデルを知ることで、消費者が商品を認知してから購買に至るまでの問題点を発見することができます。

　AIDMAやAMTULなどの消費者行動モデルは、主にマスメディア広告を使った時の心理的プロセスを表しています。そのなかでも、AIDMAは短期的な購買行動を、AMTULは長期的な購買行動を表しています。

　マスメディア広告型の消費者行動モデルの次に現れるのが、インターネットの急速な普及と発達によって2005年頃に生まれた「AISAS（アイサス）」「AISCEAS（アイシーズ）」です。以降の消費者行動モデルでは「検索・共有」というプロセスは欠かせない要素になります。

㉓ ロングテール戦略

少量でも長期にわたって売れ続けるネット時代のビジネスモデル。数多くある売れない商品の販売に注力する。大ヒット商品以外での収益モデルを考えたり、ニッチ商品の生き残りを考える際に有効。

ネットで多品種少量販売が可能に

インターネットによる販売が生まれる以前、限りある売り場スペースで売り上げを伸ばすには、いわゆる売れ筋商品中心の品ぞろえにするのが店舗経営の王道でした。いわゆる「パレートの法則」が言う上位20％の商品が売り上げ全体の80％を稼ぐという状況だったのです。

しかし、売り場スペースの制限がないネット販売の登場により、少量でも長期にわたって需要を見込める商品の販売が可能になり、小売市場は大きく変わろうとしています。

この多品種少量販売で利益を生み出すビジネスモデルを「ロングテール戦略」と言います。クリス・アンダーソンが著書『ロングテール―「売れない商品」を宝の山に変える新戦略―』で提唱しました。

ロングテール

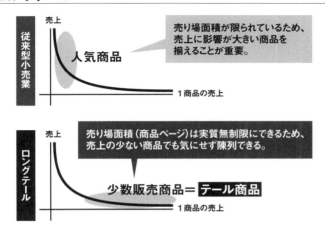

ロングテールの意味

ロングテール(Long Tail)とは文字通り「長い尻尾」という意味です。

図のように縦軸を売上高、横軸を商品ラインナップの販売数順位とした場合、多品種少量販売の商品がグラフの右側に長い尻尾のような形になることからこのように呼ばれています。

ネット普及以前であれば絶版に追い込まれたであろう商品も、ネット販売の普及によって新たな価値を持つことになりました。この意味で、ネット販売は単に実店舗をインターネット上に移しただけでなく、小売市場そのもののあり方も変えたことがわかります。

ロングテールに適した商品

　ロングテールに適した商品は、書籍や音楽などのコンテンツです。書籍のように実物をネットで購入する場合もあれば、音楽のようにデータのダウンロード購入が主流になった商品もあります。これらに共通するのは、多品種をそろえても商品管理や配送などのコストが大きく変動しないという点です。

　ロングテールで成功している企業の代表例がアマゾンです。日本のアマゾンでは現在1億6,800万種類もの商品を取り扱っています。

ロングテールSEOとは

　ロングテールの考え方を、インターネット上の検索結果最適化に応用したのがロングテールSEOです。

　ロングテールSEOは、一般には特定キーワードによる上位表示だけではなく、関連する様々なキーワードでウェブサイトをヒットさせ、より幅広い、またはより購買に結びつく検索を行うユーザーを獲得できるようにするためのSEOのことを指します。

　アクセス数を多く集めているウェブサイトにおいては、一部の人気キーワードからのアクセス数よりも、アクセス数の少ないキーワード（ロングテールキーワード）を積み重ねたアクセス数が上回ることがほとんどです。

　これをより広範にわたって実現するのがロングテールSEOです。

ロングテールSEO

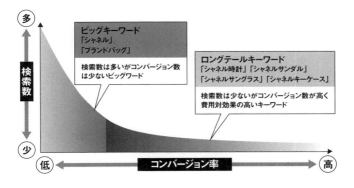

　たとえば、上の図でいうと、「シャネル」や「ブランドバッグ」は検索数が多いビッグワードに相当します。ビッグワードは上位化すれば一気にアクセス増加を狙えますが、それだけライバルが多く難易度が高くなります。

　その一方で、「シャネル時計」「シャネルサンダル」などのようなキーワードは絶対的な検索数は少ないものの、上位化が比較的容易です。このようなワードを狙っていくのがロングテールSEOです。

　一つひとつのワードでは小さくても、それを積み重ねることによって大きなアクセスに結びつけることができます。

㉔ ゲーミフィケーション

報酬や達成感など、人を楽しませて熱中させるゲームの要素や考え方を、ゲーム以外の分野でユーザーとのコミュニケーションに応用する手法。ビジネスでも課題解決や顧客ロイヤリティの向上に使われるようになった。

ゲームの手法をビジネスに応用

ゲーミフィケーション（Gamification）とは、ゲーム独特の発想・仕組みを使ってユーザーを引きつけて、その行動を活発化させたり、適切な使い方を気づかせたりするための手法をいいます。

2010年から使われ始め、アメリカの大手調査会社であるガートナーは「2015年までに、グローバル1000企業の40%が、ビジネス・プロセスを変革する中心的な仕組みとしてゲーミフィケーションを採用する」と予測しています。

ゲーミフィケーションの概念自体はポイントプログラムなどの形で従来から存在していましたが、インターネットの普及・スマートフォンの登場、さらにソーシャルメディアの流行で、ゲーミフィケーションの手法をより実践しやすくなっ

ゲーミフィケーションの3要素

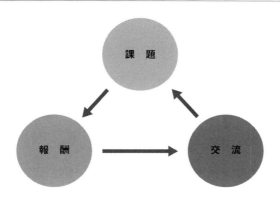

たため、Webサイトやサービスへの応用はもちろん、企業の人材開発や従業員向けサービス、さらには社会活動の手段としても使われるようになり、注目を集めています。

なぜゲーム的手法なのか

情報過多の時代、ユーザーは瞬間的・表層的にしか情報に触れないため、長期的に継続して関与を高め、購買行動へと動機づけるための機会が減ってきています。

そのため、人に行動を起こさせ興味を持たせ続け、関わらせ続ける心理的な引き金として、報酬、認知、達成感、競争の要素、熱心に取り組む対象、純粋な楽しみといった「ゲーム」の要素を活用することが考えられるようになりました。

すなわち、人々が「ゲーム」を楽しむ際の「心理」を理解し、そこに作用するゲームの設計技法、考え方、メカニズム

によって、ユーザーの興味・関心を獲得し、モチベーションやロイヤリティを高め、エンゲージメントを獲得することが、ゲーミフィケーションに取り組む目的だといえます。

適切な動機づけ

ゲーミフィケーションは、ユーザーの「行動」を生み出し変化させ目的まで導く、行動デザインの手法ですので、ユーザーを理解し適切な動機づけで、行動を変化させ調整することで自社に望ましい目標を実現することができます。さらにユーザーデータを収集するためのコンテキストを提供することで、行動データから利用者の「動機」を可視化したり、収集したデータを分析することで新たな利用者像を想定することが可能になります。

また、ソーシャルメディアの活用によってブランディングや動機、心理面からも強化されたため、企業が環境と遊び方を提供するだけで、消費者は参加者同士でコミュニケーションを取りながら自分流に楽しみながらモチベーションを高め、維持・継続することができるようになりました。

ゲームはあくまでもきっかけづくり

しかし、単にゲームそのものを作ったり、ゲーム要素を導入するだけでは有効に機能するものではありません。

ゲーム要素による「きっかけ」づくりだけでなく、その後の長期的なモチベーションにつながる「価値」について、あらかじめ設計しておくことを忘れてはいけません。参加する

ゲーミフィケーションを利用した成功事例

くら寿司株式会社	寿司皿5枚につき1回くじに挑戦できる「ビッくらポン」というサービス
Nike Inc.	「Nike Run Club」というジョギングした距離や速度、消費カロリーなどを共有できるアプリ。アップルとナイキが提供している
日本コカ・コーラ株式会社	「Coke On」というアプリでCoke on対応の自動販売機で商品を購入するとスタンプがもらえる。スタンプを15個集めるとドリンクチケットと交換できる
スターバックス株式会社	スターバックスの公式アプリでstarというポイントが貯まる。starが貯まるとフードやコーヒー豆など色々なものに交換できる

過程でユーザー自身に、その行動によって得られる本質的な価値に気づかせることが必要なのです。

ですから、ゲーミフィケーションに取り組むためにはまず、

①ユーザーは誰か
②ユーザーにどんな行動をさせたいのか
③各ユーザーにとって何がきっかけとして有効なのか
④離脱や停滞の原因は何か

以上の4点についてしっかり考察した上で、興味・関心を保たせる「モチベーション」、行動を促す「愛着心」、その商品・サービスだけを繰り返し購入してもらう「忠誠心」を獲得するための、「インストラクション」「レベルとバランス」「インセンティブ」を設計することが、本質的なゲーミフィケーションへのアプローチとなります。

㉕ シェアモデル

「所有」から「利用」へ。個人が所有する遊休資産と利用したい第三者をマッチングさせるビジネスが急速に普及している。規制緩和も成功のための重要な要因だが、何よりも貸し手と借り手の「信頼」関係がカギを握っている。

所有から利用へ

　クルマであれ家であれ、従来の購買スタイルは「所有」でした。もちろんレンタカーや賃貸住宅などのレンタルビジネスはありましたが、「できれば所有したい」というのが消費者の願望でした。特に経済成長の過程にある国では「所有＝豊かになったことの証明」でした。しかし、経済成長が鈍化した先進国を中心に、このような「所有への執着」は薄れつつあります。

　たとえば、週末にしか乗らないクルマを大枚をはたいて買うよりも、クルマを所有している人から使いたいときに適切な料金を払って借りるほうが魅力と考える人が増えています。そのような人たちとクルマを貸してもいいと思っている人を結びつけて成長しているのが「シェアモデル」というビジネ

シェアモデルの仕組み

● UBERの場合

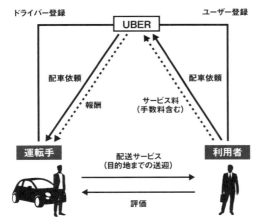

● Airbnbの場合

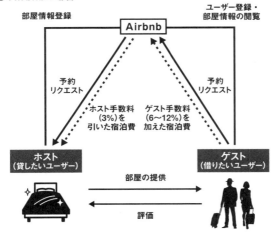

スモデルです。

カーシェアリングと民泊が代表例

近年、報道されることが増えてきた企業名に「UBER（ウーバー）」と「Airbnb（エアビーアンドビー）」があります。前者がタクシーの配車、後者は民泊の仲介を行う会社です。いずれも前述の「シェアモデル」という新しいビジネスモデルで注目されています。

両者のビジネスモデルを詳しく解説すると以下のようになります。

① UBER

クルマを所有していても日常的にあまり乗ることがなく有効活用したいと考えている人と、タクシーなどの移動手段が少なくて困っている人の両方が登録し、両者をマッチングさせて手数料を稼ぎます。

② Airbnb

所有する空き家や空き部屋を有効活用したいと考えているオーナーと、家や部屋を借りたいと思っている旅行者などの両方が登録し、両者をマッチングさせて手数料を稼ぎます。

いずれもシェアモデルで急成長している企業ですが、共通点は個人の遊休資産の貸し手と借り手をマッチングして手数料を稼ぐというものです。

シェアリング エコノミー

出所：シェアリングエコノミーラボ

信頼関係の構築がカギ

　シェアモデルは資源の有効活用という側面もあり、顧客が主導するこれからのビジネスで有望なのは間違いありません。

　図で示したように、今後はカーシェアリングや民泊だけでなく、様々な分野で個人が持つ遊休資産をそれを、必要とする人々にシェアするビジネスが増えていくでしょう。それはモノに限らず、時間や知識・ノウハウなどにも波及していく可能性があります。

26 オムニチャネル

スマホやSNSなどの普及に伴う購買スタイルの多様化に合わせて、小売業界で注目される新たなビジネスモデル。リアル店舗とネット販売の境界をなくし、利益の最大化を図るための模索が続いている。

時と場所を選ばない購入体験を提供

　オムニチャネル（Omni-Channel Retailing）とは、リアル店舗やイベント、ネットやモバイルなどのチャネルを問わず、あらゆる場所で顧客との接点を持ち、利益の最大化を図るために小売業界各社が取り組んでいる戦略です。

　インターネットによる販売が始まって以来、リアル店舗とネットの相乗効果を生み出すマルチチャネルの取り組みは各社が取り組んでいましたが、この間にスマホなどモバイル端末の普及、SNSによるコミュニケーションの多様化が進みました。

　この大きな流れを受けて、あらゆるチャネルを統合し、時間や場所を問わない購入を可能とするオムニチャネルのビジネスモデルが提唱されてきたのです。

チャネル戦略の変化

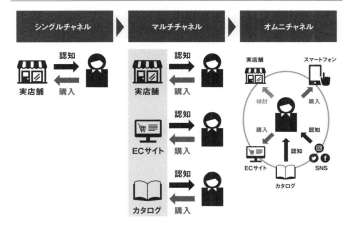

オムニチャネルのイメージ

　従来の小売業界は、あくまでも店舗をビジネスの中心としており、ネット販売は副次的なものでした。

　しかし、最近は大きく様変わりしています。比較サイトで値段をチェックしてから店舗で実物を見て購入することがある一方、先に店舗で実物を見て魅力を感じても、その場では買わずに、ネットの口コミ情報やネット価格をチェックしてからネットで購入することもあります。ネットで購入しても、商品の受け取りは自宅ではなく、店舗やコンビニである場合もあります。

　また商品のことを知る経緯も、従来は広告や CM などのマスメディアが主流でしたが、近年は SNS 経由の口コミ情報が大きな役割を果たすようになっています。

当然購入する時間帯も店舗が閉じている時間帯、移動時間など、時間と場所に関係なくなっています。

「O2O」とショールーミング

オムニチャネルにおける販促手法に「O2O（オーツーオー）」と呼ばれているものがあります。O2Oとは「Online to Offline」のことで、ネット（オンライン）で情報収集している顧客をリアル店舗（オフライン）へと誘導する施策です。わかりやすい例として、ネットで提供される飲食店などの割引クーポンなどがあります。

一方、近年はリアル店舗がショールーム化してしまい利益を生まないという「ショールーミング」の問題があります。つまり、店舗で見た商品をアマゾンなどのオンライン業者で購入されてしまうという問題です。

オムニチャネルはこのショールーミングへの対抗策でもあります。自社の店舗で見た商品を自社の運営するネットショップに誘導するために、店舗の商品にバーコードをつけて、そのバーコードをスマホのカメラで読み取ると、自動的に自社の販売サイトから注文ができるようになるという施策を大手流通各社が行っています。

一方、オンライン販売の雄アマゾンがアメリカでリアル店舗を出店するなど、これまで小売業界主導だったオムニチャネル戦略に、今度はネット業界側から加わろうとしています。進化し続けるオムニチャネルから目が離せません。

オムニチャネルのイメージ

㉗ サブスクリプション

動画や音楽配信サービスで急増している定額課金モデル。単品購入ではなく定額課金にすることでユーザーの心理的障壁を下げ、近年急成長している。今後はリアル販売への本格的進出が予想される。

サブスクリプションとは

「サブスクリプション（subscription）」とは、商品を都度購入してもらうのではなく、一定額を予め払ってもらうことをいいます。新聞の定期購読に見られるように、昔からある課金モデルともいえます。

しかし、近年の動画配信や音楽配信サービスの普及により、このサブスクリプションを使ったビジネスが大きく拡大しています。一定額を払うことで、動画であれば「見放題」、音楽であれば「聴き放題」になるのです

サブスクリプションが増えてきた背景

このようにサブスクリプションは主に音楽や映像などのコ

プロダクト販売型とサブスクリプション型の違い

	従来の プロダクト販売型	サブスクリプション型
プライシング	原価＋利益で決定	顧客の 需要と使用量で決定
売上向上の手段	販売数を増やす	顧客との リレーションシップ強化
他社との差別化	製品コストと品質	魅力的な プライスパッケージ

ンテンツを配信する業界で多く採用されています。

　配信サービスを行う企業にとっては、コンテンツの品ぞろえが豊富なほど利用者へのサービスの訴求度が増します。

　利用者にとっては、定額課金でコンテンツを利用し放題になるというのは、都度購入したりレンタルする手間が省けるだけでなく、1回あたりの利用コストが安くなります。

　またコンテンツ提供者にとっては、上記のような利用者の心理的障壁が低くなって視聴者数の増加が期待できる一方、近年の動画や音楽コンテンツはデジタル化されているため、利用者が増加しても配信に要するコストは増えず、利用者の増加が即利益の増加に結びつくという効果もあります。

ユーザーが望むのは商品を使った体験

　このようなサブスクリプションが伸びてきた背景として、

前述したような配信に要するコストの低下といった要因とは別に、利用者の心理の変化も見逃してはなりません。

これまで映画や音楽は特定のタイトルを単品で購入したり、レンタルして楽しむのが一般的でした。それが定額課金で不特定多数の中から自分が望むタイトルを自由に選んで楽しむことが可能になったわけです。つまり、ユーザーがお金を払う目的はコンテンツそのものではなく、コンテンツを楽しむことで得られる感動やスリル、心の充足といった"体験"ということになります。

現実に消費もモノからコトへ移行しています。サブスクリプションもその流れの中で増えてきたといえるでしょう。

サブスクリプション成功のポイント

サブスクリプションは、ユーザーにとっても、提供者にとってもメリットの多いモデルですが、提供者にとって最大のリスクはユーザーの離脱です。離脱した瞬間、利益はゼロになるからです。

特にネット上のサービスの場合、使い勝手が悪かったり、払った金額以上のメリット(品ぞろえなど)が期待できないと感じたら、ユーザーはいとも簡単に離脱してしまいます。

特に同じようなサービスを提供する競合が多い場合、不毛な価格競争に陥ってしまうと、ビジネスモデルそのものが成立しなくなってしまいます。

同業他社の動向に目を配りつつ、払っただけのメリットを利用者に常に感じてもらい長期的に利用してもらうという顧客発想が求められます。

プロダクト販売型からサブスクリプション型へ

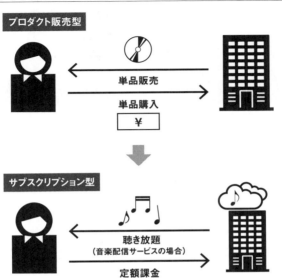

㉘ プラットフォーム戦略

「アマゾン」「楽天」などの大手インターネット企業が採用している戦略。顧客に広範なサービスを提供し、また顧客とのコミュニケーションを図ることで、利益の最大化を図ろうとするものである。

プラットフォームとは

2000年を過ぎたあたりから、「プラットフォーム戦略」という言葉が様々なメディアから発せられるようになりました。

プラットフォームとは、「土台」「基盤」「場」を意味し、ビジネスでは「(不特定多数の) 顧客向けに、複数の製品やサービスを展開しており、かつ更新可能な環境」といった意味で使われることが一般的です。

もともとプラットフォーム戦略はITビジネスの進化で活性したビジネスモデルですが、これからはそれ以外の産業でも一般化される戦略になると思われます。

なぜなら来たる人口成熟化の社会では、「顧客との関係性強化」がとても重要で、プラットフォーム戦略こそがその最適な解決策になり得るからです。

プラットフォームモデル

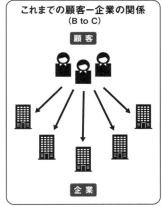
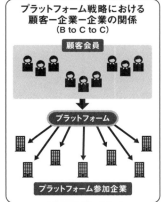

　数ある類似商品・サービスから自社のものを選んでもらうためには、顧客に会員になってもらい関係性を強化し、かつ様々なニーズにも対応し得るように製品・サービスのラインナップを充実していく必要があります。プラットフォーム戦略はまさに、そのような働きかけを行えるようにするためのビジネスモデルなのです。

プラットフォーム戦略を成功させるには?

　実際にプラットフォーム戦略を企画検討するにあたり、特に重要な点は以下の通りです。

①マーケットとターゲットユーザーを決める

　まずはプラットフォーム戦略の対象となるマーケットと、それに紐づくユーザーのターゲット層を決めていきます（セ

グメンテーション)。マーケットの方向性については事業ごとに変わってくるでしょうし、ターゲット層の選定も同様に対象とする製品・サービスによって変わってくるでしょう。ここで注意したいのは、「すでに同様の製品・サービスはいくつも存在している」前提で検討する必要がある、ということです。現在ある製品・サービスと同じようなマーケット層やユーザーのターゲット層を掲げたとしても、そこがブルーオーシャンでない限り、なかなか成功は難しいでしょう。

②キャッシュポイントを作る

B to B to Cを前提とするプラットフォーム戦略においては、キャッシュポイントをどこに置くか、という点も非常に重要となってきます。

多くのプラットフォーム企業では、顧客からの支払いをメインの収入源とはせず、プラットフォーム参加企業からのプラットフォーム利用料や手数料を収入源にしているケースが多いようです。また、「楽天市場」や「AppStore」、「Mobage」「GREE」などのオンライン型のプラットフォームで、かつ決済システムを用いて顧客からの支払いを一元管理できる機能を有している場合は、顧客からの支払いもいったんプラットフォーム側で集約できているという強みもあります(その後、手数料等プラットフォーム側取り分を除いた金額が参加企業に支払われる仕組み)。

③単体では得られない価値を提供する

最後のポイントは、戦略企画で出来上がってきた内容を、「プラットフォームならではの価値発揮ができているか」とい

プラットフォーム戦略の例（楽天）

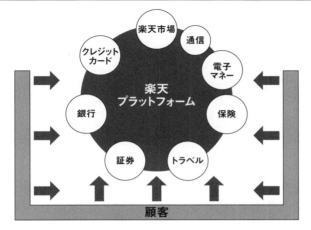

った観点からチェックしてみることです。どんなに良いプランであったとしても、一企業で成し得られそうな内容でしたらきっと近い未来には他の企業の参入やリプレイスが起きるでしょう。

④ 参加企業と強固なパートナーシップを築く

一企業では成し遂げられない価値発揮を目指すからこそ、参加企業とのパートナーシップ（アライアンス）はしっかりとした信頼関係を築くべきでしょう。まだ実績のないプラットフォームに対して企業に参加してもらうためには、強い信頼関係が必要不可欠です。

㉙ インフルエンサー・マーケティング

ユーチューブやインスタグラムなどで注目される人気者（いわゆるインフルエンサー）を活用して消費者に訴求するマーケティング手法。従来型マス広告よりも消費者への訴求度が高いといわれている。

インフルエンサーとは

インフルエンサー・マーケティング（Influencer Marketing）とは、「インフルエンサー（Influencer）」と呼ばれる消費者に強い影響力を持つ人々をプロモーションに使うマーケティングをいいます。

従来、インフルエンサーとは芸能人などマスメディアへの露出が高い人々を指しました。それが近年、SNSの発達と普及で個人が情報発信を行い、その情報を拡散することが可能になった結果、個人でもネット上で多くのファンやフォロワーがいればインフルエンサーとしての役割を果たせるようになりました。むしろ近年は個人のことを指すことが多くなりました。

たとえば、動画投稿サイト「ユーチューブ」で人気の高い

インフルエンサーマーケティング

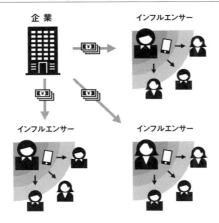

「ユーチューバー」と呼ばれる投稿者に、自社製品やサービスの宣伝のための動画制作と投稿を依頼するようなことです。

この消費者にとって身近な人だけでなくインターネット上でつながっている個人の意見の影響力が高まっているという事実は、フィリップ・コトラー（60ページ参照）も著書『コトラーのマーケティング4.0』の中で認めています。

注意しなくてはならない点

注目のインフルエンサー・マーケティングですが、注意すべき点がいくつかあります。

①ステマになってはいけない

いわゆるステマ（ステルスマーケティングの略）は、消費者に宣伝と気づかれないように宣伝行為をすることを指しま

す。　ステルスマーケティングは消費者をだます行為であり、企業ブランドが失墜する可能性があります。

②投稿内容に注文が多すぎる

　インフルエンサーに投稿を依頼する際に過剰に細かく指示をすると敬遠されます。インフルエンサーは、自分のフォロワーを大切にし、投稿一つひとつに自分の世界観やこだわりを持って、日々SNSを更新しています。多すぎる注文は、インフルエンサー自身が創意工夫できる範囲が狭まり、世界観に合った投稿がしづらくなるため、フォロワーに嫌われることをおそれるインフルエンサーからは嫌がられます。

③撮影できる素材がない

　特にインスタグラムの場合、画像投稿型SNSであるため、投稿には撮影する対象が必要になります。特に無形商材の場合は、インフルエンサーに何を撮影してもらうのかをきちんと考えておく必要があります。

　撮影素材を提供する場としてよく用いられる手法は、インフルエンサーを招待してのイベントです。このとき、単に場を設けるだけでなく、インフルエンサーが撮影したくなるよう、「映え」を意識して、独自性のある撮影素材を用意しましょう。ただし、撮影用に用意された素材はあまり使いたくないという場合もあるので、イベント前に、インフルエンサーにヒアリングしておくといいでしょう。

インフルエンサーの分類

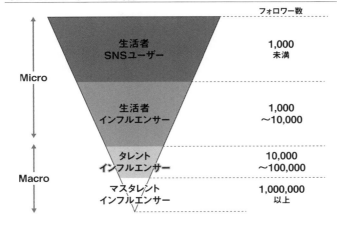

④影響力だけを基準にしたインフルエンサー選定

フォロワー数などの影響力だけを基準にアサイン（抜擢）するインフルエンサーを選ぶと、ブランドに対する愛着や、投稿する意味のない投稿になってしまいがちです。そのような投稿は、そのインフルエンサーのフォロワーも「やらされている」感を感じ取り、共感しづらくなります。インフルエンサー選定の際は、自社の商材・サービスと、インフルエンサーのライフスタイル・特性が合っているかをよく考えましょう。

⑤一時的な"フロー"投稿

インフルエンサー・マーケティングが一時的な「フロー」で終わってしまう投稿です。

インフルエンサー・マーケティングを実施する際は、短期視点はもちろんのこと、中長期のプランニングもしましょう。

30 データドリブン・マーケティング

商品の売れ筋や顧客の行動パターンなどのデータを総合的に分析し、意思決定や企画立案に活用するマーケティング手法。マーケターの経験や勘よりもデータ重視で分析を行う。ビッグデータや人工知能によるデータ解析が進む中、注目される。

データドリブンとは

データドリブン・マーケティングとは、企業が様々な活動やメディアを通じて得た自社商品の売れ筋情報や顧客に関する情報などのデータを分析し、商品開発や販売促進などに活用するマーケティング手法です。

データドリブン（Data Driven）とは、データに基づいて判断したり、行動したりすることをいいます。つまり、得られたデータを総合的に分析し、未来予測・意思決定・企画立案などに役立てるわけです。

とりわけ近年は、ビッグデータを対象とし、各種データを可視化して課題解決に結びつけることを指します。

データドリブン・マーケティング

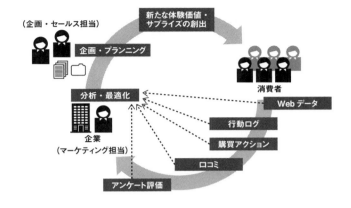

注目される背景

ビジネスにおいて様々なデータに基づいて意思決定や行動することはこれまでも行われてきました。しかし、近年再び注目されるようになったのは、いくつかの要因があります。

① 入手・分析・活用するデータが膨大になった

ビッグデータやデジタルマーケティング技術の発展により、企業が入手・分析・活用するデータは以前とは比較にならないほど膨大になりました。これによってより精度の高いマーケティング施策を打てるようになりました。

② 顧客の行動パターンが複雑化した

ネットに親和性の高い若年層を中心に、現代の顧客はウェ

ブ（オンライン）とリアル（オフライン）を複雑に行き来しながら購買に至ります。データの分析なくしてこれらの行動パターンをつかむのは不可能といえます。

③膨大なデータの解析を行うことが可能に

ビッグデータやAI（人工知能）など、膨大なデータを短時間かつ比較的安価で処理できるインフラが整っています。

期待されるもの

データドリブン・マーケティングで期待されるものとして、以下の3点があります。

①新たな顧客の発見
②顧客一人ひとりへの個別対応
③リアルタイムのコミュニケーションの最適化

4つの基本ステップを高速で回す

データドリブン・マーケティングで大切なことは、以下の4つの基本ステップをPDCAで高速で回すことです。

ステップ1：データの収集
ステップ2：データの可視化
ステップ3：分析・アクションプランの検討
ステップ4：アクションプランの実行

データドリブン・マーケティングの変化

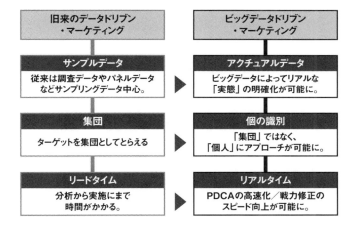

課題は多い

　このように期待の高まるデータドリブン・マーケティングですが、懸念点もあります。

　まず、実際にデータの解析を行う「データサイエンティスト」や「データアナリスト」の数が日本では不足しています。これらの職種にはマーケティングや統計学をはじめとするビジネス全般に関する深い知識、ロジカルシンキングのスキルも求められ、そのような人材の育成が急務です。

　また、そもそもこのようなデジタルマーケティングに対する理解が上層部になければ、どんなに優れた人材やシステムを導入してアクションプランを導き出したとしても、有効に活用されない可能性があります。

第3章

イノベーション戦略

㉛ イノベーションのジレンマ

業界上位の企業が顧客の意見に耳を傾け、さらに高品質の製品・サービスを提供したにもかかわらず、新興企業による破壊的イノベーションによって市場を奪われ、失敗を招くという考え方。

イノベーションのジレンマとは

「イノベーションのジレンマ」(The Innovator's Dilemma)とは、ハーバード大学ビジネススクール教授のクレイトン・クリステンセンが提唱したイノベーション理論の一つです。

大企業が顧客ニーズを取り入れて、既存商品の高性能化に注力した結果、新興勢力の商品によって、逆に市場を奪われる現象(落とし穴)について警告しています。

なぜ落とし穴にはまるのか

小型化や多機能化などにおいて優れた商品・サービスの開発には、技術の向上と多くの時間・コストが必要となります。
そのため、一般に大企業は経済合理性を追求し、新たな商

イノベーションのジレンマ

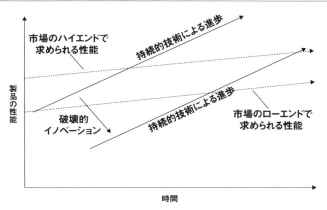

出所：クレイトン・M・クリステンセン著『イノベーションのジレンマ』(翔泳社)

品・技術よりも既存商品の性能や技術の向上、高機能化を優先する傾向にあります。また「顧客は高機能・高価格を求めている」と思い込み、新興企業のニッチな商品や技術を過小評価し、新興市場への参入が遅れがちです。

その結果、新興企業やベンチャー企業によりもたらされた破壊的技術（市場を一変する破壊的技術）により、市場のシェアを失い、経営環境が一気に悪化するという状況に陥ってしまいます。これがイノベーションのジレンマです。

破壊的イノベーションとは

クリステンセンは、イノベーションには持続的イノベーションと破壊的イノベーションの2種類が存在すると述べています。

① 持続的イノベーション

　顧客のニーズや既存市場で求められている価値の改善・改良を目的とした持続的技術によって、実現するイノベーションを指します。持続的イノベーションで生み出された商品やサービスは、一般に高機能・高価格になり、シェアの拡大と維持に役立ちます。

② 破壊的イノベーション

　低価格・低機能ですが、市場を一変する破壊的技術によって、小型化と高い利便性が期待できるという特徴を持ちます。市場投入時は売り上げ・利益が立ちにくいですが、技術の向上により、一気にシェアを拡大できる可能性があります。

　イノベーションのジレンマは、大企業が経済合理性に合った持続的イノベーションに集中している間に、新興勢力による破壊的イノベーションが起きてしまうと、莫大な損失を被ってしまうリスクについて警告しています。

イノベーションのジレンマの事例

　かつてカメラの世界的フィルムメーカーだったコダックの経営破綻は「イノベーションのジレンマ」の典型例といわれています。コダックは高収益の銀塩フィルムで高い市場シェアを持ち、そこに経営資源を集中するほうが効率よく稼げると判断したため、新たな事業への投資が遅れていました。

　そこへ現れたのがデジタルカメラやカメラ付き携帯電話です。当初は画質も悪く、用途は一般家庭内や友人間のコミュ

銀塩フィルムの世界に起きた破壊的イノベーション

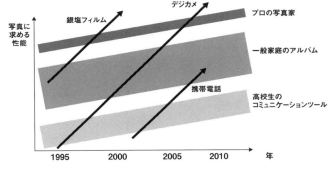

出所：百年コンサルティング株式会社

ニケーションに限られていました。しかし、急速な技術向上により、今やプロのカメラマンにも使われるようになり、市場からフィルムを駆逐してしまったのです。

「イノベーションのジレンマ」の教訓

　大企業にとって、経済合理性に適った持続的イノベーションに舵を切ることは至極当然の戦略といえます。しかし、この経済合理的な経営判断を決定しがちな大企業や優良企業こそが、この「イノベーションのジレンマ」に陥りやすいことも事実です。

　持続的イノベーションによる市場シェア確保と維持を行いつつも、次世代技術による破壊的イノベーションの脅威にも対応しなければいけません。そのため、イノベーションのジレンマのメカニズムにも注意を払うべきです。

32 オープン・イノベーション

グローバル競争が激化する中、時間とコストのかかる自社開発にこだわらずに他社の技術を活用する手法。開発期間の短縮、コストを抑え、競争優位を築くことが可能になり、大手企業でも導入が増えている。

オープン・イノベーションとは

　従来のイノベーションは、企業の内部でアイデアを考え、研究者や開発者によって技術に置き換えられて製品化されるというプロセスを経てきました。いわば閉じられた世界でイノベーションは秘密裏に進められ、世に出たときには驚きとともに迎えられるという企業にとって一大プロジェクトだったのです。

　ただし、イノベーションを目指して開発した製品やサービスが必ずしも成功するとは限りません。それどころか、失敗する確率のほうが圧倒的に高いといっても過言ではないでしょう。しかも、最近では技術革新のサイクルが極端に短くなり、どんな革新的な製品やサービスを市場に投入して成功を収めたとしても、わずか数カ月で同様の製品が他社から発売

クローズド・イノベーションとオープン・イノベーションの違い

クローズド・イノベーション	オープン・イノベーション
変化の穏やかな産業	変化の激しい産業
ほとんどが社内のアイデア	社外のアイデアを多く活用
労働者の流動性が低い	労働者の流動性が高い
ベンチャーキャピタルが少ない	ベンチャーキャピタルが多い
ベンチャー企業が少ない	ベンチャー企業が多い
大学は重要ではない	大学は重要である

出所:『OPEN INNOVATION-ハーバード流イノベーション戦略のすべて』(産能大 出版部)

され、陳腐化してしまうことも珍しいことではなくなってきているのです。

　企業はイノベーションを起こすために、莫大な資金や労力を投じます。ところが、その成功確率の低さやプロダクトライフサイクルの短命化からリスクは非常に大きなものになり、場合によっては企業の存続さえ脅かすことも考えられます。

　そこで最近ではイノベーションに対する考え方を180度転換する必要が出てきたのです。つまり、イノベーションは自社のみで実現するものではなく、自社の考えたアイデアに、他社が開発した技術を応用してイノベーティブな製品やサービスを生み出せばいいのです。

　そうすれば、閉鎖的な空間で研究されていた技術とは比較にならないくらいの技術が活用できますし、開発期間も劇的に短縮でき、イノベーションに関わるリスクを最小限まで低くしていくことができます。

また、逆から見れば自社のために進めていたイノベーションが失敗したときに、それまでに開発した技術は何ら価値を生み出すものではありません。そこで自社が開発し商業化できなかった技術を、他社のイノベーションに転用することにより、最終的に世の中を変えるイノベーションに寄与し、しかも投資を回収することにもつなげていくことができるようになるのです。

　従来のように1社単独でイノベーションを起こそうとすることを「クローズド・イノベーション」と呼ぶのと対照的に、自社が技術を独占することにこだわらずに、他社へ提供したり、このように、また逆に他社から提供を受けたりして、最終的にイノベーションを起こす手法が「オープン・イノベーション」と呼ばれるものです。

オープン・イノベーションの活用事例

　それでは、ここで実際にオープン・イノベーションの活用事例をご紹介しましょう。

　P&Gといえば、紙おむつの「パンパース」や消臭芳香剤の「ファブリーズ」、台所用洗剤の「ジョイ」など生活用品を生産するメーカーですが、新製品開発の際に自社の力だけではなく、外部の力を借りて、消費者に「こんなものが欲しかった」と思ってもらえる商品作りを心がけています。

　その起点となるのが「Connect ＋ Develop」と名づけられたサイトで、消費者からは製品のアイデアを、サプライヤーからは原材料の提案を随時受け付けています。

クローズド・イノベーションとオープン・イノベーション

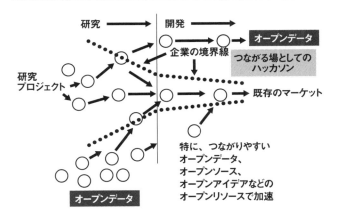

出所:『OPEN INNOVATION - ハーバード流イノベーション戦略のすべて』(産能大 出版部)

33 リバース・イノベーション

新興国発のイノベーションを先進国へ"逆流"。実現には、グローバル人事の確立や大胆な権限委譲などの組織改革が必須であり、日本企業においては旧来の伝統的な人事慣行からの脱却が求められる。

リバース・イノベーションとは

「リバース・イノベーション」(Reverse Innovation) とは、途上国で最初に創出・採用されたイノベーションを、先進国・富裕国へと移転・展開するという、従来のパターンとは逆の流れでイノベーションのグローバル化を図る戦略コンセプトです。

アメリカのダートマス大学ビジネススクール教授のビジャイ・ゴビンダラジャンとクリス・トリンブルが2009年頃からゼネラル・エレクトリック (GE) などの成功事例を「リバース・イノベーション」と呼んで理論化し、大きな注目を集めました。

研究開発・マーケティングチームを国内ではなく、新興国に置くことで、新たな発想や需要を見出し、新たな技術の創

リバース・イノベーション

一般的なイノベーション

先進国 ▶ 新興国 途上国

リバース・イノベーション

新興国 途上国 ▶ 先進国

一般的なイノベーションとは逆の流れのため
「リバース・イノベーション」と呼ばれる

なぜ、リバース・イノベーションが重要なのか？

> 現状、新興国や発展途上国は、経済規模が小さく、各消費者の購買額は少ないが、圧倒的に人口が多い。将来を見据えて新興国での足がかりを築いておくことが将来の成長のカギを握る

出所：Innopedia

出や市場開拓にメリットがあります。また、現地の優秀な人材の確保にもつながることからグローバル展開を目指す企業にとっても最良の経営戦略といえます。

背景

日本をはじめ、すでに経済的な発展・成熟を遂げた先進国の多くは、未来の原動力となる新たな成長エンジンを、国内よりも国外、とりわけ新興国市場に見出そうとしています。先進国の企業がアジアの新興国などを生産拠点として活用し、できた製品を同じ先進国に流通させる形のグローバル競争は2000年代までに勝負が決した感があり、以降の焦点は"工場ではなく市場としての新興国"でどう成功するかに移ってきました。

その新しい競争に勝つための戦略として、これまで多くの

企業は先進国共通のニーズに基づいて製品開発を行い、そのグローバル製品を新興国のローカル市場向けにわずかに手直しして普及させる取り組み、いわゆる「グローカリゼーション」を進めてきました。

しかし、先述のゴビンダラジャンは「アメリカの裕福な大衆市場向けに設計した製品を、ただ現地仕様に調整して、低所得者が大勢いるインド中間層を獲得しようとするのは土台無理な話だ。インドに製品をただ輸出するのではなく、インド向けのイノベーションが必要なのだ」と指摘します。グローカリゼーションが行き詰まり、代わって「リバース・イノベーション」が勢いを増してきている理由が、そこにあります。

事例

「リバース・イノベーション」とは、最初に途上国で創出・採用されたイノベーションを先進国へ"逆流"させるという、従来とは真逆の戦略コンセプトです。

実際、欧米企業には、インドや中国で現地のニーズに適応するために白紙の状態からイノベーションを起こし、開発した製品をその後、グローバルにも展開した成功事例が相次いでいます。

たとえば、GEのヘルスケア部門では2000年代初頭、小型・廉価の携帯型心電計をインドの農村部向けに、超低価格の超音波診断装置を中国の農村部向けに開発しました。それらは米国をはじめ、先進諸国でも新たな市場を切り開き、いまでは100カ国以上で販売されるグローバル製品へと成長しています。

従来の海外戦略とリバースイノベーションとの比較

	2000年代までの海外戦略	リバースイノベーション
製品が開発された地域	先進国	新興国
製品特徴	高性能・高価格製品	小型化や低価格化など現地ニーズを汲み取った製品
製品を販売する地域	・その他の先進国 ・途上国（新興国）	・その他の先進国・途上国 ・先進国
顧客層	・先進国中間層以上 ・途上国（新興国）富裕層 △新興国中間層には価格や機能などの面で受け入れ困難	・新興国・途上国中間層 ・先進国特定顧客

出所：東レ経営研究所

　企業が新興国市場向けのイノベーションを起こし、それをグローバルに広げていくためには、研究開発やマーケティングなど中核機能を担うチームを現地に置き、権限を与えることで組織の"重心"を移すとともに、有能な現地人材が存分に活躍できるよう、マネジメント層の多国籍化やユニバーサルな人事制度の整備にも取り組まなくてはなりません。

　また、重要性が増しているとはいえ、現段階では、新興国は本国の人材にとって必ずしも人気の高い赴任先ではないため、派遣する社員のモチベーションに配慮した適切な処遇も求められるでしょう。いずれにせよ、日本企業においては、欧米の多国籍企業より遅れているグローバル人事の取り組みがカギになりそうです。

34 バリューイノベーション

低コスト化と差別化を同時に実現するための戦略。競合に対して商品価値を高めたいとき、同業他社にはない要素で差別化を進めたいときに有効。発想の転換で新しいマーケットづくりに挑戦できる。

ブルーオーシャンとの関係

バリューイノベーション（Value Innovation）とは、前述のブルーオーシャン戦略（18 ページ参照）の土台となる考え方で、コストを引き下げると同時に、顧客にとっての価値を向上させていく戦略です。

値下げと顧客価値の向上は一見正反対で実現不可能に思えますが、市場や商品性を検討することで両立させます。

他社が重視していない部分に注力する

自社とライバルの戦略を比較すると、実は注力しているポイントが同じだったりします。たとえば豪華なサービスの提供が効果的と判断されれば、市場に参入している全企業が一

バリュー・イノベーションとERRC

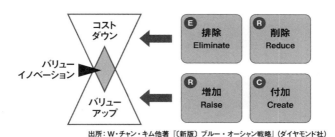

出所：W・チャン・キム他著『〔新版〕ブルー・オーシャン戦略』（ダイヤモンド社）

斉にサービスの充実に力を入れ始めて、競争が激化し、レッドオーシャン化が進みます。

そこで一歩引いた視点で市場を見ると、競合が重視していない部分に注力することで、競争を避けることができます。これがバリューイノベーションです。

ERRCで実行する

バリューイノベーションを実現するためには、ERRCと呼ばれる手法が効果的です。

ERRCとは、①「Eliminate（排除）」、②「Reduce（削除）」、③「Raise（増加）」、④「Create（付加）」の4つの頭文字を取ったものです。

①と②は低コスト化、③と④は価値向上につながる考え方です。既存の商品・サービスにこの4つの視点を適用させた

だけで、新たな市場が生まれます。

　この考え方の実例として有名なのが、従来のサーカスのイメージを一新して新たな市場を創り出して成功した「シルク・ドゥ・ソレイユ」です。

　右ページの図で示したように、これまでのサーカスに必要とされてきた花形パフォーマーや動物ショー、館内でのグッズ販売を取り除き、代わりにテーマ性や芸術性の高いエレガントな環境を提供し、大人が楽しめるエンタテインメントショーという新しい市場を切り拓きました。単にコストを下げるだけでなく、価値を上げることに成功したのです。

　その他に、バリューイノベーションでブルーオーシャンを見つけて成功した企業の事例として有名なのが、ヘアカット専門店「QBハウス」です。

　従来の理髪店や美容院はヘアカットに加えて洗髪やマッサージなどの付帯サービスをパッケージした1時間程度のサービスで勝負するのが一般的でした。同社はこれらの付帯サービスを取り除いてヘアカットのみにする代わりに、時間を10分に短縮して料金を1,000円に下げるという新たな価値を加えることで、「短い時間で散髪だけやってほしい」というブルーオーシャンを発見したのです。

　料金を下げた分、顧客の回転率を上げる必要がありますので、QBハウスのサービスや店舗の設計・立地は極めて合理的になっています。

　シルク・ドゥ・ソレイユやQBハウスの成功事例は、ブルーオーシャンが旧来からあるビジネスでも、考え方ひとつで新たな市場を創造できることを示しています。必ずしも最新のテクノロジーを使わなくても新たな需要を喚起できると

「4つのアクション」フレームワーク：シルク・ドゥ・ソレイユの場合

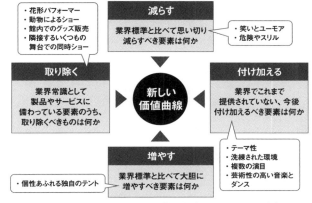

出所：W・チャン・キム他著『〔新版〕ブルー・オーシャン戦略』（ダイヤモンド社）

いうことです。

重要なのは、低コスト化だけでも、差別化だけでもありません。両方を同時に実現することで新しい市場を創り出すことができるのです。

ブルーはすぐにレッドに変わる

ブルーオーシャンは競合がいないため、初期は利益を独占することができます。しかし、せっかく発見したブルーオーシャンの市場も、成功すれば当然のことですが、競合が新規参入してきて激戦化し、すぐにレッドオーシャンとなります。

したがって、企業としては常にブルーオーシャンを探し出す姿勢と努力が必要となります。

第4章

組織マネジメント、HR戦略

㉟ PDCAサイクル

業務改善の最も基本的なフレームワーク。計画を実行しながら改善を続けるためのサイクル。業務効率や商品の品質向上など幅広く使える。現場の意見を業務フローに取り入れたいときにも有効。

本来は生産管理や品質管理の手法

　PDCAサイクル（PDCA Cycle）は、第二次世界大戦後、品質管理を構築したエドワーズ・デミングらによって提唱された、生産管理や品質管理のための手法です。本来は製造業のために作られた手法ですが、現在は広く業務改善の基本フレームワークとして使われています。

　具体的には、企業の年間の経営計画にも使えますし、営業パーソンの目標管理や日々の行動計画にも使うことができます。組織の階層や職務に関係なく、どんな業務にも応用が利き、効果も出やすいという使い勝手の良さが受け入れられている理由です。

PDCA サイクルの例（個人情報管理の改善）

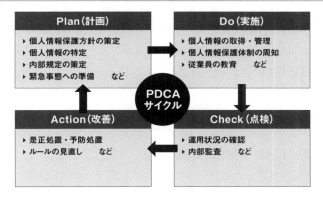

PDCAとは

PDCAとは、業務改善を図るためのプロセスであるPlan（計画）、DO（実施・実行）、Check（点検・評価）、Action（処置・改善）の4つの頭文字を取ったものです。PDCAサイクルと呼ばれるのは、この4つを循環させ続けることで効果を発揮するからです。

この4つのプロセスを詳しく解説すると以下のようになります。

① Plan（計画）

入手した情報を元に仮説や目標を設定し、それを具体的な行動計画に落とし込みます。

② Do（実施・実行）

役割や組織の形態を決めて人員を配置し、従業員の動機づけを図りながら、計画に従って具体的に実行します。

③ Check（点検・評価）

途中で実施が計画通りにいっているか、成果を測定・評価します。

④ Action（処置・改善）

実施が計画通りに行ってない部分を調べ、必要に応じて修正を加えます。

PDCAがうまく回らない理由

PDCAの仕組みは理解したものの、実務でうまく回せないという人は多いです。その理由をステップごとにまとめると、以下のようになります。

① Plan（計画）
・目標や計画が曖昧である
・計画作りをおろそかにして闇雲に実行しようとする
・目標や計画がメンバー間で共有されていない

② Do（実施・実行）
・「絵に描いた餅」になって実行されていない
・おおよそできたところで実行をやめてしまった
・途中で検証しないで最後まで進めてしまった

マーケティングにおける PDCA

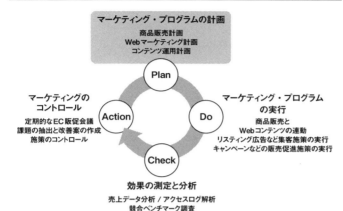

③ Check（点検・評価）

・やりっぱなしで検証も評価もしない
・目標や計画が曖昧なので、事後評価ができない
・原因追究が責任追及になってしまった

④ Action（改善・処理）

・失敗や反省が次に活かされない
・やり方を改善しないでひたすら前と同じことを繰り返した
・上っ面だけの改善策でお茶を濁した

　誰しも仕事は計画に基づいて実行するのは当然です。しかし、実行後に計画通りにいっているかどうかを点検している人は意外と少ないはずです。PDCAはこの問題を解決するために必ず点検することを盛り込んでいます。

㊱ プロジェクト・マネジメント

プロジェクトを成功裏に完了させることを目指して行われる活動。プロジェクトを構成する各活動の計画立案、日程表の作成、および進捗管理が含まれる。工場建設のようなビッグプロジェクトからソフトウエア開発まで汎用性が高い。

プロジェクト・マネジメントとは

プロジェクト・マネジメントとは、経営目標を早く確実に達成するために、複数の経営目標をそれぞれ独立したプロジェクトとして捉え、そのプロセスを管理していく手法です。かつては、予算管理、スケジュール管理、品質管理など、工程管理的な形態で運用されていたプロジェクト管理の手法ですが、現在は運用方法も考え方も大きく変化してきています。

特に1990年代以降は、企業をめぐる環境が激変し、スピード経営や期限の定まった事業目的達成の重要度が飛躍的に高まりました。

そんな中、プロジェクト・マネジメントを支えるIT系ツールのコストパフォーマンスやユーザー親和性が急激に向上したことを背景に、新たな経営手法、企業革新のツールとして

プロジェクトマネジメント 10の知識エリア

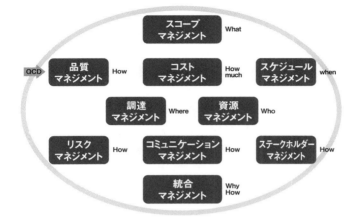

非常に幅広い業態の様々な分野に導入されるようになったのです。

さらに1997年に国際規格ISO10006（品質マネジメント——プロジェクト・マネジメントにおける品質の指針）が制定され、プロジェクトを管理するための検討事項や手順についての国際標準が定められました。

ここでは、プロジェクト・マネジメントの標準知識体系を定めることによって、適用業界などの枠を超えたプロジェクト・マネジメントの共通概念・用語を設定しています。

もちろん、これ以外にも優れたプロジェクト・マネジメントの手法はいくつか存在しますが、基本的な考え方には共通点が多々あります。

PMBOKとは

　米国プロジェクト・マネジメント協会では、標準的なフレームワークとしてPMBOK（ピンボック）を提唱しています。PMBOKではプロジェクトに必要な10の知識エリアと、プロジェクトのフェーズを「立上げ」「計画」「実行」「監視とコントロール」「終結」の5つのプロセス群に分けています。

　10の知識エリアは前ページの図の通りですが、5つのプロセス群の概要は以下の通りとなります。この5つのプロセス群は相互に関連しあい、反復的に実施されるという特徴を持っています。

①立上げプロセス群

　プロジェクトを選定し、プロジェクトの部外者でかつプロジェクトのニーズに相応したレベルのマネジャーが、プロジェクト憲章を発行してプロジェクトを公式に認可します。

②計画プロセス群

　作業全体のスコープを確定し、アクティビティ（プロジェクトで実行する作業の一要素）を定義します。目標を達成するのにどのように実行するかを規定します。

③実行プロセス群

　プロジェクト目標を達成する上でプロジェクト・マネジメント計画書で規定された作業を完了するためのプロセスです。

プロジェクトマネジメント 5つのプロセス群

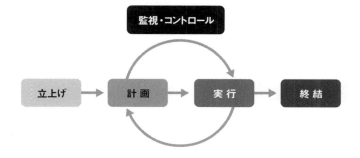

④ 監視・コントロールプロセス群

プロジェクトの進捗やパフォーマンスを追跡し、レビューし、統制し、計画を変更する分野を特定し、それらの変更を承認するプロセスです。

⑤ 終結プロセス群

公式にプロジェクトまたはフェーズを完結するために、すべてのアクティビティを終了するプロセスです。

日本では、プロジェクト・マネジメントは、システム構築やアプリケーションソフト開発のプロジェクトを効率的に管理する手法として普及しましたが、本来、プロジェクト・マネジメントは、あらゆるプロジェクトに応用可能な汎用的手法です。実際、国家規模の建設プロジェクトをはじめ、様々な分野に適用されて、大きな成果を挙げています。

37 7S

企業の要素を7つに分類することで組織全体の整合性を図るためのチェックリスト。組織の全体像と要素間の連携を捉えるのに便利。戦略実行のための3つのハードSと企業風土醸成のための4つのソフトSに分けられる。

7Sとは

　経営戦略を実行する際の組織分析のためのフレームワークとして、マッキンゼー社の「7つのS」という考え方がよく使われています。

　どんなに優れた戦略を策定しても、組織や社内システムと戦略の間に整合性が取れ、また社員のコンセンサスやスキルなどが備わっていないと、戦略を確実に実行することができません。

　「7つのS」は、「組織と戦略」という観点から企業を全体的に診断するために、以下の3つのハードSと4つのソフトSから診断し、改善することが必要だとしています。

3つのハードS

①組織構造（Structure）
組織の形態をどうすべきか、権限分掌をどう図るかなど、全社員がやるべき業務に全力を出せる環境になっているかどうかを分析します。

②戦略（Strategy）
会社の強みと弱みを分析し、事業の競争優位性を維持・確保するための全社的戦略は何かを分析します。

③社内の仕組み（Systems）
情報伝達のプロセスや報告様式は何を重視するかなど、会社の意思決定を効率的に行っていくためのシステムや仕組みを分析します。

4つのソフトS

①人材（Staff）
優れた人材を採用、教育するなど会社の人材育成が効果的になされているか、あるいは適材適所で仕事を任せているか、などを分析します。

7S

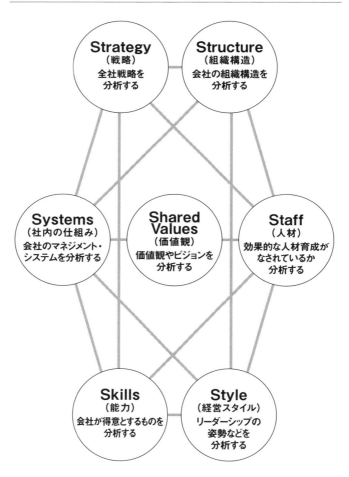

Strategy, Structure, Systems ＝ 3つのハードのS
Staff, Skills, Style, Shared Values ＝ 4つのソフトのS

②能力(Skills)

業務の進め方や社内制度、システム、技術力など、戦略遂行に必要な組織能力を持っているかを分析します。

③経営スタイル(Style)

経営者やマネジャーたちのリーダーシップの姿勢や業務に対する考え方を分析します。

④価値観(Shared Values)

価値観やビジョンなどその会社の行動原理となる価値観について分析するとともに、従業員が同じ価値観や使命を共有しているかも分析します。

組織はこれら7つのSが複雑に絡み合って成り立っています。したがって、これらの要素の整合性が取れているかどうかが戦略を成功に導く上で重要です。

ハードのSに比べ、ソフトのSはすぐに変更することが困難であるため、このことを考慮に入れて実行計画を立てることが重要になってきます。

38 マズローの欲求5段階説

人間の欲求を5段階に分類し、低次のものを底辺にして高次なものになるにつれ階層をなしていくと主張する古典的モチベーション理論。人は低次の欲求が満たされればさらに高次の欲求を満たすように行動すると主張する。

人間は自己成長を求める生き物

アメリカの心理学者アブラハム・マズローは、「人間は自己成長を求める生き物である」という持論の下(もと)、人間の欲求を5段階に分けました。そして、低次の欲求が満たされれば、人はさらに高次の欲求の実現を求めて行動すると主張しました。

この「マズローの欲求5段階説」は、上司が部下を動機づけする際、人事部が従業員満足度を上げたり、マーケティング担当者が顧客満足度を上げる際のヒントを考えるなど、普遍的な理論として、幅広い分野で引用されています。

5段階の詳細

マズローが提唱する欲求の5段階とは、低次のものから高

マズローの欲求5段階説

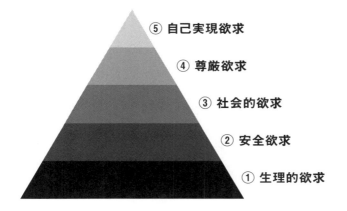

次のものへと以下の通りとなります。マズローは人間の欲求は必ずこの5段階を踏み、一足飛びに高い欲求に発展することはないと主張しています。

①生理的欲求

人間が生命を維持するために根源的に必要とする欲求です。原始的な欲求として、食欲、睡眠欲、性欲などがあります。

②安全欲求

経済的に最低限度の安定性や健康の維持、治安の良さや事故リスクの低さなど、安全で豊かな生活を求める欲求です。先進国の国民の多くはこの欲求が満たされていると考えられます。

③ 社会的欲求

何らかの社会的集団（コミュニティ）に属することで孤独感から解放されたり、自分が社会で必要とされたいという欲求です。

④ 尊厳欲求

「他人から尊敬されたい」という欲求です。これは名声を得たり注目を浴びたいという低次なものと、自己肯定感や自律性、自分自身での好評価などの高次なものがあります。

⑤ 自己実現欲求

自分の持つ能力や可能性を最大限に発揮することで、何かを成し遂げて、自己実現したいという欲求です。

現実の経営での活かし方

マズローは、上記5段階の欲求のうち、①生理的欲求から②安全欲求までを「物質的欲求」、③社会的欲求から⑤自己実現欲求までを「精神的欲求」に区分しています。一般的に先進国の企業では、③〜⑤の精神的欲求が社員のモチベーションを高める上で重要と考えられており、人事施策の対象となっています。

また、マズズローは上記5段階の欲求の中で、⑤の自己実現欲求を満たすことが人間を幸せに導くとしています。

もちろん会社で働く社員全員がこの自己実現欲求を持てれば最高ですが、これは社員個人の人生観とも関係し、必ずしも他の社員の価値観と一致するわけではないので現実にはそ

マーケティング概念+「マズローの欲求段階説」

年代	市場の成熟過程	コトラーのマーケティング概念	マズローの欲求段階説
1950年代 ～1960年代 ～1970年代	戦後復興 ～高度成長期 ～安定成長期	大量生産・大量消費 (マーケティング1.0)	①生理的欲求 ②安全欲求
1980年代 ～1990年代	テレビ・ラジオ等＋店頭 バブル経済 ～経済停滞	顧客に欲しがられる戦略 (マーケティング2.0)	③社会的欲求
2000年代 ～2010年代	＋パソコン・インターネット 経済停滞 ～低成長	精神的な充足の付加価値 (マーケティング3.0)	④尊厳欲求
2020年代～	＋スマートフォン・SNS ？？ ＋？？	オン／オフラインの一体化等 (マーケティング4.0) 顧客の自己実現に寄与？ (マーケティング5.0？)	⑤自己実現欲求

う簡単なことではありません。

企業として社員の生産性向上やメンタルヘルスを考える場合、③の社会的欲求や④の尊厳欲求を満たすだけでも、社員のモチベーションは上がり、活気ある職場になることに留意しましょう。

また、マズローの欲求5段階説は人事施策以外に、マーケティングにも応用が利きます。

消費者（見込客）の満たされていない欲求を満たしてあげるように、問題解決を提案していくことがビジネスの基本だからです。

39 ハーズバーグの動機づけ・衛生要因

仕事に対して満足をもたらす要因（動機づけ要因）と不満をもたらす要因（衛生要因）は異なるという考え方。上司が部下を動機づけたいとき、企業や人事部が人事制度を設計・変更したいときに役立つ。

人が動機づけられる2種類の要因

マズローと同様、アメリカの心理学者フレデリック・ハーズバーグも人の行動の動機となる要因について様々な実験をしています。

その結果、人が動機づけられる要因には「動機づけ要因」と「衛生要因」の2種類があることを説明しています。そして、人の行動の動機に大きく影響する2種類の要因の本質は「満足」と「不満」であるということです。

①動機づけ要因

たとえば、味と値段が他と同じで、農薬の含有量も基準値以内、逆にビタミンやミネラルが通常の5倍含まれている有機野菜を提供する食品メーカーがあるとします。

ハーズバーグの動機づけ・衛生理論

動機づけ理論	衛生理論
精神的に成長したいという、人間としての高レベルな欲求	苦痛や欠乏状態を避けたいという、動物としての低レベルな欲求
□ 達成 □ 承認 □ 仕事そのもの □ 責任 □ 昇進 □ 成長の可能性	□ 会社の方針と管理 □ 監督 □ 仕事上の対人関係 □ 作業環境 □ 身分 □ 安全保障 □ 給与

消費者は通常期待する野菜と比べてより優れた品質の有機野菜に大いに満足感を覚えるはずです。そして、その満足感を得るために百貨店やスーパーを探し回る人もいるでしょう。

この例では「ビタミンやミネラルが通常の5倍」というのが消費者にとっての動機づけ要因となります。

これを仕事に当てはめてみれば、仕事の達成感、責任範囲の拡大、エンパワーメント、能力向上や自己成長、チャレンジングな仕事などが動機づけ要因となります。これらを従業員に適切に与えれば、直接的に満足を覚え、モチベーションを向上させることにつながります。

②衛生要因

たとえば、基準値を上回る農薬を含んだ野菜を提供していることが発覚した食品メーカーがあったとします。

消費者は当然不満を募らせ、大きな怒りを覚えます。では、

その食品メーカーが直ちにこの状況を是正し、農薬含有量が基準値以内に抑えられた野菜を提供したとしたらどうでしょう。

おそらく、消費者は事件発覚以前よりも満足感を覚えることはないはずです。それは農薬の含有量は基準値以内であることが当たり前だからです。

この例では「農薬の含有量を本来の基準値以内にする」ことは衛生要因となります。

これを仕事に当てはめれば、上司の管理方法、労働環境、作業条件（金銭・時間・身分）などが衛生要因となります。

衛生要因は直接的に人々を動機づけるものではありません。不満が解消されたとしても、そのことが満足感やモチベーションを高めることになるとは限らないのが衛生要因の特徴です。

社員の動機づけをどう図るか

ハーズバーグの動機づけ・衛生要因理論のもとになったのは、右ページの図で紹介した「仕事への満足と不満足の要因差」調査結果です。

これはハーズバーグが複数の企業を訪問して、工場の現場主任、専門職（女性が多かった）、農業指揮官、引退直前の経営者、病院のメンテナンス要員、看護師、食事運搬人、軍人、エンジニア、科学者、メイド、教師、技術者、組立工、会計士、職長など計1,865人を対象に、アンケートを実施したものです。

これを見ると、人が仕事に不満を持つ要因に作業環境を挙

満足と不満足の要因差

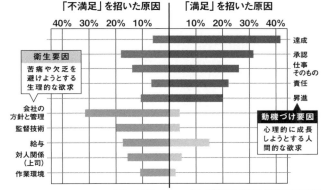

出所：フレデリック・ハーズバーグ『仕事と人間性』（東洋経済新報社）

げているのに対して、仕事に満足を感じる要因は仕事そのものに関連していることがわかります。

ハーズバーグは、前者を苦痛や欠乏を避けようとする生理的な欲求（衛生要因）とし、後者を心理的に成長しようとする人間的な欲求（動機づけ要因）として、それぞれ分けて考えるべきだとしています。

賃金が安い、労働時間が長いなど衛生要因が満たされていない職場でどれだけ動機づけ要因を与えたとしても、もともとの不満が解消されていないので、社員のモチベーションはそう簡単には上がらないでしょう。

また、従業員のモチベーションが低い職場で衛生要因だけを追加してもおそらくモチベーションの向上にはつながらないはずです。

企業としては、現状の動機づけ要因と衛生要因の状況を把握した上で、適切な組み合わせを提供しなければなりません。

㊵ カッツ理論

マネジャーの能力を3つ（テクニカルスキル、ヒューマンスキル、コンセプチュアルスキル）に整理したもの。管理職が自身の持つべき能力の指針にできるほか、企業や人事部が自社の社員の研修やOJTプログラムを考える際の参考になる。

カッツ理論とは

カッツ理論とは、ハーバード大学教授のロバート・カッツにより1955年に発表されたマネジャーに必要なスキルに関する理論です。

カッツによると、マネジャーが必要とするスキルは以下の3つがあるとしています。

①テクニカルスキル（Technical Skills）

特定の業務をこなす能力や知識です。たとえば、営業職であれば見積書を作成する能力、会計職であれば経理や財務の知識、SEであればプログラミングの能力などが該当します。

カッツ理論

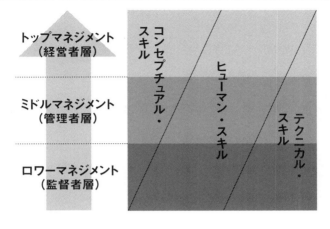

② ヒューマンスキル(Human Skills)

いわゆる対人間関係能力です。同じ企業や部署などの組織内で協力しながら働ける能力をいいます。具体的には、部下であれば上司とのコミュニケーション能力や根回し能力、上司であれば部下とのコミュニケーション能力や動機づけの能力、自分の上司との交渉力などです。

③ コンセプチュアルスキル(Conceptual Skills)

物事を概念化して捉えたり、抽象的に考える能力です。

目の前のタスクを超えた思考のことをいいます。具体的には、会社の未来像を描いたり、弱い部署を見つけてシステムを変更したりする能力のことを指します。

マネジメント層であれば、チーム理念の浸透や新しいルールへの適用教育など全体を良くするスキルにあたります。経営層であればわかりやすく、会社の将来像を描いて舵取りを

するスキルを指します。

カッツはマネジャーの階層が上がるにつれ、テクニカルスキルの重要度が相対的に下がり、コンセプチュアルスキルとヒューマンスキルの重要度が上がっていくと述べています。

AIやロボットに代替されるスキル

近年、AI（人工知能）やロボット技術の発達により、現在ある多くの仕事や業務が将来なくなることが予想されています。これをカッツ理論に当てはめて考えてみましょう。

まずテクニカルスキルは、仕事内容や業種によりますが、AIやロボットによる代替が進むと考えられます。特に計算やプログラミングなどコンピュータを使う業務では顕著になるでしょう。

次にヒューマンスキルは、当面AIやロボットによって簡単に代替されることはないと考えられます。事務的な対応でも可能な仕事ならともかく、相手が持っている先入観を取り除いたり、潜在的なニーズを聞き出したり、心を開くよう働きかけるような技術は、人間しか持ちえないものです。

そして、コンセプチュアルスキルについては、現状のAIやロボットの技術では代替される可能性は非常に低いといえます。確かに大量のデータをスピーディに分析することで、AIが論理的な仮説を導き出すことは可能でしょう。しかし、時に不合理な人間の消費行動や嗜好性を予想することは困難であり、過去に基づいた提案ではなく、新たなライフスタイルを提案することはやはり人間にしかできないと思われます。

人工知能(AI)の活用が一般化する時代における重要な能力

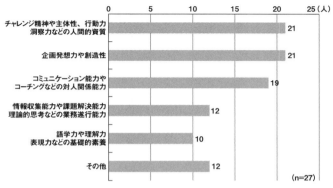

出所：総務省「ICTの進化が雇用と働き方に及ぼす影響に関する調査研究」(平成28年)

　上記のグラフが示すのが、総務省が発表した「人工知能（AI）の活用が一般化する時代における重要な能力」に関する有識者アンケートの結果です。

　ここで重要な能力として挙げられているのは「チャレンジ精神や主体性、行動力、洞察力などの人間的資質」（＝ヒューマンスキル、コンセプチュアルスキル）、「企画発想力や創造性」（＝コンセプチュアルスキル）、「コミュニケーション能力やコーチングなどの対人関係能力」（＝ヒューマンスキル）です。

　その一方で、「業務遂行能力」や「基礎的素養」などテクニカルスキルに近い能力の評価は高くありません。

　AIやロボットの職場への導入が本格化する今後、人間が身につけるべきスキルのイメージをカッツ理論は示しているといえます。

41 OKR

無駄を削ぎ落としたシンプルな目標管理ツール。企業の組織目標を全階層の従業員に効率的かつ有効に共有させる。グーグルなど先進企業のイノベーションを支えるマネジメント手法として注目される。

OKRとは

OKR（Objectives and Key Results）とは、目標と主要な結果を意味し、野心的でイノベーティブな会社が高い次元の目標を達成するために導入している目標管理の手法です。

グーグルが2000年代前半頃から全社でOKRを活用し始め大成功を収めていると発表したことをきっかけに、同社がイノベーションを生み出し続ける秘訣として、大きな注目を集めるようになりました。

OKRは企業の全階層の従業員に、企業にとって重要で野心的な組織目標を効率的かつ有効に共有し、その達成に向かって全力を集中させるためのツールです。

具体的には、一般に四半期ごとにObjectives（目標）とKey Results（主要な結果）という、定量的で測定可能な目標と達

OKR

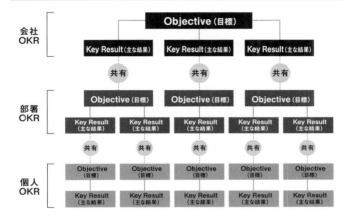

成指標(結果)を掲げ、その達成度合いをスコアで判定していきます。

OKRの特徴

OKRは、基本的にシンプルな目標管理のスタイルを取りますが、設定する目標と結果には特徴的な条件がつけられます。

① Objectives (目標) の代表的な条件
・わずかに手の届かなさそうな高いレベルに設定すること
・達成率が70%程度となるくらいが理想的
・定量的で測定可能なものであること
・四半期ごとに多くても4～6個以内とすること

② Key Results（主要な結果）の条件

・定量的な指標を使って測定・評価が可能であること
・客観的な検証が可能であること
・1つの目標に対し、多くても5個以下に抑えること

OKR運用上のポイント

① 目標設定

　四半期ごとに、CEOによって企業のOKRが定義づけられると、それを達成するために必要なチームのOKRが定められ、次いで個人のOKRが設定されます。

　OKRを定義づけていく上で重要なプロセスが、「OKRに関係するすべてのメンバーとコミュニケーションを取り、十分納得させ、同意を得ること」となります。必要とあらば、いったん定義された文言を修正することもあります。こうしてすべてのOKRがそろう中で、企業トップから個人に至るまでの方向性が一点に収斂されていきます。

　いったん定義されたOKRは、CEOのものから、チーム単位、個人単位のものまで、すべてが社内で公開されます。グーグルの元CEOのエリック・シュミッドは「目標設定には、思考の量と勇気が必要とされる」と語っています。OKRを見れば、各メンバーの思考と力量が、一目瞭然となるからです。

② 成果測定

　四半期が終わると、CEO以下、すべてのOKRを評価しスコア（0～1.0の10段階や％表示）をつけて公開するように

OKRを使った例

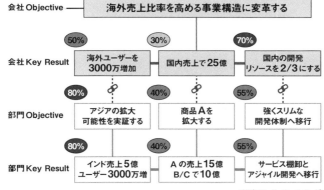

出所：Resilyホームページ

要求されます。さらに各部門の責任者たちは、経営会議にてスコアの根拠の説明が求められます。

ここでのポイントは評価には時間をかけないことです。

目標・結果は瞬時にレビューができるよう工夫されているので、本来時間がかからないはずだとされます。成果に対して余計なノイズを挟ませず、スコア自体よりも取り組みの過程に注目して客観的に検証し、次期の経営・組織運営方針やOKRへと反映させていきます。

スコアはOKRによる目標管理のプロセス以外に使われることはなく、「記録にさえ残さない」といわれています。これは検証や評価が当事者によって正直に行われないと、正しい分析ができなくなり、業績向上につながらないと考えられているからです。

42 TOC（ボトルネック）

問題解決を阻むボトルネックを探し出し、全体最適化を図るための理論。業務プロセスの問題点を発見する際や業務における費用対効果を最大化したいときに有効。もともとはサプライチェーンマネジメント用の理論。

TOCとは

TOC（Theory of Constraints）は、物理学者エリヤフ・ゴールドラットが1980年代に開発したもので、「工場の生産性はボトルネック（＝制約条件）工程の能力以上には向上しない」という原理の下、ボトルネック工程に注目することで仕掛品や在庫を劇的に減らし、最大の利益を挙げるという理論です。

多くの企業の工場で実践され、その実績からジャスト・イン・タイム方式やTQMを超える生産方式として話題になりました。

大手メーカーには、購買、製造、物流、販売という一連のバリューチェーン（業務プロセス）があります。

TOC理論では、この一連のプロセスの中で、最も供給量の

TOCのステップ

1　制約条件を特定する。

潜在能力ではなく、実際の生産能力で把握する。

2　制約条件を徹底的に活用する。

制約条件となっている部分の能力を最大限に発揮させようとする。

3　制約条件以外を制約条件に従属させる。

制約条件以外の部分の能力をフルに発揮させると、
かえって経営資源の無駄遣いになりかねないので、制約条件の部分に合わせようとする。

4　制約条件の能力を向上させる。

設備増強や人員増などの投資を行う。

5　惰性に注意しながら新たな制約条件を特定する。

新たに制約条件となっている部分を見つけ、1から4のステップを繰り返す。

出所：エリヤフ・ゴールドラット著『ザ・ゴール』(ダイヤモンド社)

低い部分のプロセスに全体の供給量が制約されてしまうとされています。

たとえば、生産能力が1日10万個、販売能力が1日123万個であったとしても、輸送能力が1日5万個しかなければ、全体の供給能力も1日5万個になってしまいます。

この場合の輸送能力を「ボトルネック」といいます。製造ラインのこの工程の機械がいつも作業が遅れるとか、物流がいつも交通事情から運搬が遅れる、などといったケースです。

このような改善すべきボトルネックを発見することがTOCのポイントです。改善すべき点を見つけることは従来の改善活動と同じですが、TOCの改善はボトルネックだけを対象とする点が特徴です。

ボトルネックとなっている工程を改善すれば、効率的に調達、製造から販売までの企業活動が最適化されるからです。

個々の改善をいろいろ行っても、全体としてはボトルネックとなっている工程に引きずられ、利益の向上が図れないとするところが画期的な理論です。具体的には、前ページの図のような5つのステップがあります。

スループット会計で利益を計算

また、TOCのもう一つの核は、コストの管理法です。

従来のコスト管理法は、商品の販売価格から設備や人件費などの経費を差し引いて原価とします。したがって、いかに原価を引き下げても売れずに在庫が増えれば収益はマイナスになってしまいます。

しかし、TOC理論では、実際の売上高からコストを引いて

ボトルネックが全体効率を決めている

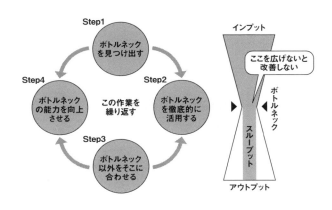

利益を計算します。こうすることで、会社全体の利益を最大化するには、何を生産すべきか、何を生産しないかが明確になります。最も在庫を少なくし、効果的に生産することができるわけです。

ゴールドラットの提唱するこの利益計算の考え方は、従来からの原価計算の考え方とは異なりますが、キャッシュフローの最大化を達成するための管理会計として用いられるようになり、「スループット会計」と呼ばれています。

㊸ 7つの習慣

自己啓発、成功哲学の"バイブル"といえる大ベストセラー。真の成功とは表面的なテクニックによって得られるものではなく、誠意・謙虚・誠実・勇気・忍耐など人間の内面にある人格的な部分でしか得られないと説く。

世界的大ベストセラー

リーダーシップ研究の第一人者スティーブン・R・コヴィーの著書『7つの習慣』は1990年の発行以来、現在までに44言語・75カ国で累計4,000万部を超える大ベストセラーとなりました。

コヴィーは「成功するためには、個人としての有効性と職業としての有効性をバランスよく備えることが重要である」と述べ、個人とビジネスの2つの領域で成功するための行動パターンの指針を示しています。

7つの習慣とは

7つの習慣のエッセンスを簡単に説明すると以下のように

なります。

①第1の習慣：主体性を発揮する

「主体性を発揮する」とは「自己主張する」ということではなく、「自分の反応と行動を自分で選ぶ」というような意味で使われています。上司からの叱責を不愉快に感じてムッとした顔をすることも、ありがたく思って感謝することも、どちらも自分の選択次第。こういった自分の反応を主体的にコントロールして、周囲の状況を改善するよう行動することがまず求められます。

②第2の習慣：目的を持って始める

短期的ではなく長期的に、人生でいえば最期の日にどうありたいかを考えます。その日に至るまでをいかに過ごすかを逆算して考えれば、今どう行動すべきなのかを判断できるようになります。ビジネスも同じで、事業のゴールを決めて、そこに至る過程を考えることが大切です。

③第3の習慣：重要事項を優先する

第2の習慣で決めた目的を達成するために様々な過程をクリアするにあたって、有限な時間の中ですべてを実践することはできません。そこで必要なのが「重要事項を優先する」こと。目的を達成するための最短距離を選ぶことです。

④第4の習慣：Win-Winを考える

第4から第6の習慣は個と公、つまり周囲の人々との関係を律する習慣です。「Win-Winの関係をつくる」をいざ実践

成功する人物の7つの行動特性

1 主体性を発揮する

自分の行動に責任をもつ。環境や状況、条件のせいにしない。
どんな状況でも、どんな相手でも、自分で考えて主体的に対応を選択する。

2 目的を持って始める

自分の達成したい未来、自分の進むべき方向や目的を明確に把握している。
深い信念や主義、真理などを生きる指針としている。

3 重要事項を優先する

規律正しい生活を送っている。緊急を要さなくても重要な事柄を優先する。

4 Win-Winを考える

何事も全員で分かち合えるだけ十分にあると考え、
関係者全員に有益となる解決策を見出そうとする。

5 理解してから理解される

理解してから理解されることを考える。
相手の感情と話の内容の両分を十分に理解することから考える。

6 シナジー（相乗効果）を発揮する

他者との違いを重んじ、その多様性を活かして物事を成し遂げようとする。
部分の総和以上の結果を目指す。

7 刃を研ぐ

絶えず向上、革新、改善を求め、学ぶ姿勢をもち続ける。

出所：スティーブン・R・コヴィー著『7つの習慣』(キングベアー出版)

するのは難しいものです。たとえ自分の利益が大きくなるとわかっていても、当事者全員が満足できない状況ならば、結果に対して方法を考え直す必要があります。

⑤ 第5の習慣：理解してから理解される

当事者全員が満足できる状況をつくり上げるには、互いに理解し合い、深い信頼関係をつくり上げる必要があります。信頼関係をつくり上げるには、理解しているフリをして自分の意見を押しつけるのではなく、相手の立場に立って感情移入し、相手以上に相手のことを理解できるよう、相手に尽くすことが重要です。

⑥ 第6の習慣：シナジー（相乗効果）を発揮する

より大きな成功を導くには、複数の人の相乗効果が不可欠です。『7つの習慣』には「全体の合計が各部分の和よりも大きくなること」と記されています。1＋1＝2ではなく、3にも4にもするには、ここまでの習慣がすべて効果的に、当事者全員において発揮される必要がありますが、かなり困難です。しかし、実現したら奇跡のような結果に到達できるといわれています。

⑦ 第7の習慣：刃を研ぐ

最後はこれまでの習慣を根幹から支える、人生の基本的な4つの側面（肉体、精神、知性、社会・情緒）について述べています。自分自身という最も重要な資源に投資して、「刃」を鋭く保つ必要があります。

第5章

行動経済学

㊹ ビジネスで知っておきたい行動経済学

時代の発展とともに、顧客の嗜好を予測することがますます難しくなっている。そんな中、近年注目されているのが「人間は時に非合理的な行動を取る」と分析する行動経済学である。理屈ではない人の心を読み取る力が求められている。

行動経済学が注目される理由

ビジネス、とりわけマーケティングを考える上で、顧客の行動に着目することは重要です。
「好きなタレントがSNSで紹介していたから欲しくなった」
「期間限定で半額になっていたので思わず買ってしまった」
「周りが皆面白いと言っていたので、きっと面白いのだろう」
「あの人はハンサムで東大卒だから、きっと頭がいいだろう」
　誰でも一度は、こうした経験があることでしょう。しかし、このような行動は、本人にとっては合理的に思われても、第三者が客観的に見ると、実は非合理的であることも少なくありません。
　なぜ人は時に非合理的な行動を取ってしまうのか。行動経済学を理解することで、この原因を知ることができます。

主な行動経済学理論

ここでは、マーケティング戦略を考える上で知っておきたい主な行動経済学理論を紹介します。

①損失回避の法則

人は「得をしたい」という気持ちよりも「損をしたくない」という気持ちのほうが強い傾向があることを指す言葉です。利益を得ることより、損失を生むことのほうがリスクだと考えるのです。

たとえば、「必ず1万円もらえる」と「50％の確率で2万円もらえる」のどちらかを選択できるとした場合、期待値は同じであるにもかかわらず、多くの人が前者を選択します。あるいは、新しい店に行きたいと思いながら、いつも同じ店で食事をしてしまうこともこれに当てはまります。

②ハロー効果

ある物を評価するときに、その評価と関係のない特徴や印象に引っ張られて、その物の評価が上下してしまう現象を指します。「認知バイアス」とも呼ばれます。

たとえば、「高学歴な人は頭がいい」とか「テレビで宣伝している商品は質がいい」といったイメージは、必ずしもその通りであるとは限りません。

③バンドワゴン効果

大勢の人から評価されている物に、自分も好印象を抱いて

主な行動経済学の効果

① 損失回避の法則

「損する」気持ちよりも
「得する」気持ちが勝る

② ハロー効果

ある物を評価するのに、まったく関係のない
事柄に影響を受けてしまう

その人に対する
全体の評価に影響

③ バンドワゴン効果

大勢の人から評価されているものに
自分も好印象を持ってしまう

④ 希少性の原理

数が少ないとか期間が短いものに
高い価値観を感じる

⑤ 選択肢過多

選択肢が多すぎると
購買意欲が減退してしまう

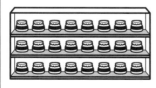

⑥ アンカリング効果

最初に掲示された情報が
その後の行動に影響を及ぼす

しまう現象を指します。

たとえば、チラシや看板に「人気No.1」「定番商品」と書いてある商品が気になったり、行列ができている飲食店を見て評価が上がってしまうのは、「大勢の人の評価が高いものはいいものに違いない」という思い込みが根底にあります。

④ 希少性の原理

数が少ないとか、期間限定にされているものに高い魅力を感じることを指します。その他にも、「会員限定」「初回限定盤」など、リピーターに優越感を持たせるような施策も、購入意欲を高める要素となりえます。

⑤ 選択肢過多

選択肢が多すぎると、選択することが面倒になり、購買意欲が減少してしまうことを指します。選択肢が多いほうが顧客ニーズに応えていると考えがちですが、選択肢が多すぎると逆効果になる可能性もあることに注意が必要です。

⑥ アンカリング効果

最初に提示された数字や印象が「アンカー（船のいかり、ここでは基準点という意味）」となって心に強く残り、その後の印象や行動に影響を及ぼす効果を指します。

たとえば、まだ世の中に浸透していない新サービスAが「1万円」で販売されていた場合、半年後に類似サービスBが「5,000円」で販売されたら「安い」と思う方が大半でしょう。しかし、それはサービスAの価格が基準点となって判断しているだけで、サービスBへの客観的な判断だとは限りません。

㊺ プロスペクト理論

人の意思決定をモデル化したもので、この理論を元にビジネスでも汎用的に用いられている。特にマーケティングでは、顧客の関心を集めるための手段として、様々な形で利用されている。

プロスペクト理論とは

　プロスペクト理論とは、不確実性下における人間の意思決定モデルの一つです。プロスペクト（Prospect）とは「予想、期待」などを意味する言葉で、自分が選択した結果として得られる利益や損失、その確率が既知の状況において、人がどのような意思決定を行うかモデル化したものです。

　プロスペクト理論は、ダニエル・カーネマンによって提唱されましたが、2002年にノーベル経済学賞を受賞したことで、行動経済学において非常に重要な理論になりました。

プロスペクト理論の2つのタイプ

　プロスペクト理論は、大きく2つのタイプに分けられます。

プロスペクト論理における価値関数

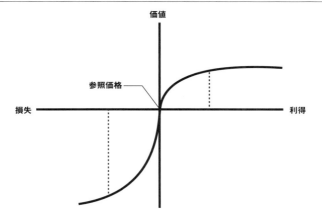

①リスクの回避型

たとえば、以下の2つの選択肢がある場合、どちらを選択するでしょうか？

A：「確実に10万円もらえる」
B：「コインを投げて表が出たら30万円もらえる。ただし、裏が出たらお金はもらえない」

この場合、ほとんどの人はAを選択します。実は確率的には、Bのほうが期待値が高いのですが、人はこのような合理的な判断をするとは限りません。1円ももらえないリスクを避ける。これが「リスクの回避型」と呼ばれる理由です。

②損失の回避型

以下の2つの選択肢がある場合、どちらを選択するでしょうか？

C：「確実に10万円没収される」

D:「コインを投げて表が出たら30万円没収される。ただし、裏が出たら没収されない」

この場合はほとんどの人がDを選びます。確率的にいえば、Dのほうが損失の期待値が高くなってしまうので、本来はCを選ぶのが合理的なのですが、人間は「確実に損失を出す」という状況を回避しようとするのです。これが「損失の回避型」と呼ばれる理由です。

このように、プロスペクト理論は「人間は確率に基づいた合理的な判断をするとは限らない」ことを証明しています。

プロスペクト理論のビジネスへの応用

プロスペクト理論を用いたマーケティングの事例をご紹介しましょう。

①期間限定割引キャンペーン

期間中に得られる利益を確実に確保したいという顧客心理に訴えかけます。B to Cビジネスだけでなく、B to Bビジネスでも用いられることが多く、汎用性の高いものと言えます。

②全額返金キャンペーン

仮に購入して使えなくても、損失を回避できるという期待感で顧客に訴求しています。返品のリスクはありますが、日本は返品率が低いこともあり、十分に使える手法でしょう。

③競合優位性をアピール

「顧客満足度95％」などの言葉が書かれていたりすると、「損

プロスペクト理論を使った訴求例

- 今買うとお得！
- 3日間3割引します！

- 今買わなきゃ損！
- 3日後に3割値上げします！

損は
したくない！

購入しないデメリットを訴求して、「損をしたくない」心理をかき立てる

をしたくない」という顧客心理が働き、顧客の申し込みなどにつなげることができます。

④ ポイントサービスキャンペーン

ポイントは有効期限がついているケースがほとんどですが、これは「ポイントを失効して損をしたくない」という考えに顧客を導きたいためです。このため、ポイントを利用して何らかの購入をさせることができます。

⑤ コピーライティング

コピーライティングを用いて、損失やリスク回避を訴求する方法もあります。化粧品やサプリメントなどの広告でよく用いられる方法です。

46 フレーミング効果

フレーミングとは、ものの見方が特定の方向に誘導されること。人のモチベーションや意思決定にも大きな影響を与える。たとえ内容が同じでも、見せ方や表現を変えることで印象が変わることを行動経済学で「フレーミング効果」と呼ぶ。

フレーミングとは

　たとえば、コップに容量の半分程度の水が入っているとき、もし隣に空のコップがあれば、それを基準に「水が半分も入っている」と多くの人は思うでしょう。反対に隣に水が満杯のコップがあれば、それを基準に「水が半分しか入っていない」と多くの人は思うはずです。

　つまり、客観的に見れば同じものであっても、どの状態を基準にするかによって受け取り方は異なってきます。フレーミングとは、基準（準拠点）を見出すことです。

　フレーミングは、人のモチベーションや意思決定にも大きな影響を与えます。たとえば、試合において、「駄目でもともと」と考えさせるか、「勝って当然」というプレッシャーを与えるかなど、フレーミングのやり方次第で結果が大きく左右

フレーミング効果

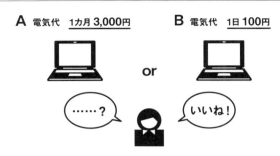

払う金額は同じでも、AよりBの方が魅力的に思える

される可能性があります。

前述した「ハロー効果」や「アンカリング効果」はフレーミングに大きな影響を与えます。

フレーミング効果

上記のフレーミングの作用を利用して、同じものでも見せ方や表現を変えることで印象が変わる顧客の心理作用を「フレーミング効果（Framing Effect）」と呼びます。行動経済学者のダニエル・カーネマンと心理学者のエイモス・トヴェルスキーによって提唱されました。

フレーミング効果を示す有名な実験に、「アジアの疫病問題」と呼ばれるものがあります。

600人が死亡すると予想される特殊なアジア病の流行に備えて、以下2つの対策のうち、どちらを選ぶか聞いたもので

す。
- 対策Ａ：200人が助かる
- 対策Ｂ：3分の1の確率で600人が助かるが、3分の2の確率で誰も助からない

　実に7割の学生が対策Ａを選びましたが、実は対策Ａと対策Ｂは内容的にはまったく同じことを言っています。ではなぜＡとＢでこんなに選択者の数が分かれてしまったのかといえば、対策Ａには「助かる」というポジティブな言葉が入っているのに対し、対策Ｂは「助からない」というネガティブな言葉が入っているからだといわれています。これは人はネガティブな言葉に拒否反応を示すことを示しています。

フレーミング効果のビジネスでの活用

　以上のようなフレーミング効果をマーケティングに活用する場合、以下のような手法が考えられます。

①推進商品はポジティブに訴える
　一般的な商品はポジティブな要素を訴えたほうが説得力が増します。
（例）
　〇「この商品の満足度は97％です」
　×「この商品の不満足度はわずか3％です」

②予防商品はネガティブに訴える
　予防商品の場合、あえてネガティブな表現を用いたほうが、

フレーミング効果の例（アジアの疫病問題）

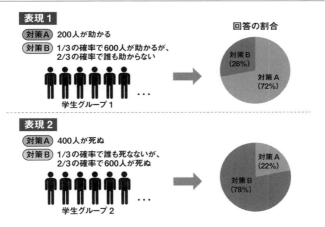

「病気になりたくない」という顧客の心理に訴求します。
（例）
　×「この予防対策で50％の人が安心できます」
　○「何も予防対策をしなければ、50％の人が危険なままです」

　この他、「東京から車で1時間15分」というのと「東京から車で75分」というのとでは後者のほうが近く感じられます。
　また、「電気代は1年間で9万6,000円」というのと「電気代は1日263円」というのとでも後者のほうが安く感じられます。あくまでも言葉の表現の問題で、冷静に考えれば同じことを表現しているのに過ぎないのですが、言葉ひとつで人が受ける印象は大きく変わり、結果的にその後の行動にも影響を与えるという事実は論理を超えた真実として改めて認識すべきといえます。

47 ナッジ理論

2017年ノーベル経済学賞を受賞した行動経済学の最新理論。少しのきっかけを与えることで人の行動を変える戦略である。ちょっとしたアイデアでも大きな効果を生む可能性があることから、ビジネスでの活用が期待されている。

知らないうちに買わされている?

ナッジ理論とは、「小さなきっかけを与えることで、人の行動を変える戦略」をいいます。「ナッジ（nudge）」とは、「ひじで軽く突く」という意味です。

ナッジ理論は、行動経済学者リチャード・セイラーによって提唱され、2017年にノーベル経済賞を受賞したことでアメリカ企業を中心に世界的に広まってきています。

松竹梅もナッジ理論

ナッジ理論の説明として我々日本人にわかりやすいのは、いわゆる「松竹梅」戦略です。

たとえば、うなぎ屋さんに行くと、メニューには大抵「梅

ナッジ理論の例

| 500円 | 600円 | 700円 |
| 1000円 | 1200円 | 1500円 |

| 500円 | 1000円 | 1500円 |

選択をひじでつつく

真ん中の価格ならいいか

・選択肢が多すぎると決められない
・選択肢が1つでは納得感がない

・選択肢を絞れば消費者は選択できたと思う一方、特定のものに誘導できる

1,500円」「竹 2,500円」「松 3,500円」のような記載があります。すると、実に5割以上の人が「竹 2500円」を選ぶといわれています。なぜでしょうか？

価格が何種類もある場合、人は「安い商品よりも、高い商品のほうが品質は良いはず」と考えます。その一方で、最も高い商品に対しては「一番高いモノは贅沢だし、失敗した場合に損失が大きいかも」という心理が働いて、回避する傾向にあります。また、一番安い商品に対しては、「一番安い商品を選ぶと、貧乏やケチだと思われないかな？」という見栄の心理が働くともいわれます。このような心理が働くため、価格が3種類ある場合は真ん中を選ぶ人が最も多いのです。

ナッジ理論の具体例

ナッジ理論を活用した事例に以下のようなものがあります。

①「ここは自転車捨て場です」で放置ゼロ

　放置自転車で悩んでいた雑居ビルのオーナーが「ここは自転車捨て場です。ご自由にお持ちください」という内容の張り紙を貼ったところ、ビル内に自転車が放置されなくなりました。「ここに自転車を止めたら誰かに持っていかれても文句はないですよね」という意図を込めて、「自転車を放置させない」という選択をさせるためには有効なナッジ理論だったといえます。

②トイレにハエの絵を描いたら清潔に

　アムステルダム・スキポール空港は、汚物で汚れた男子トイレの床の清掃費が高く困っていました。そこで、小便器に1匹のハエを描いた結果、トイレの床を汚す人が減り、清掃費は8割減ったといいます。これは「人は的があると、そこに狙いを定める」という分析結果に基づいて、小便器を正確に利用させたというナッジ理論です。この話はナッジ理論の最も有名な成功例といわれています。

ナッジ理論のマーケティングへの応用

　近年スーパーでは、地元の無農薬野菜の産直コーナーを設けたり、アレルギーを引き起こす材料の不使用の表示、弁当や惣菜にカロリーオフの表示を行うことが増えています。これらを見て買うつもりのなかったものを買ってしまった消費者も多いと思います。これもナッジ理論の活用と言えます。

　これらの事例が従来のプロモーションと違うのは、価格など売る側の思惑で購入に誘導しているのではなく、あくまで

ナッジの4つのテクニック

出所：ferret

も消費者自身の良い選択を促すために行っているという点です。

先進国では消費者の成熟化により、単に安いとか、美味しいという理由だけでは購買に結びつかないケースが増えています。それ以外の「安全な食べ物を食べたい」という願望を無意識に刺激するきっかけがナッジなのです。

有用なナッジ理論は、人々や社会をより豊かで幸福な方向に導く力を持っています。小さなアイデアが大きな効果を生み出すこともあるので、ナッジ理論を有効活用していきましょう。

第6章

戦略立案のための
思考法・発想法

48 ロジカルシンキング

問題を要素に分けて整理し、1つの結論を導き出すための思考法。特に問題解決や情報整理をする際に効果的なので、生産性の向上に役立つ。また論点が整理されるので、プレゼンなどで筋道の通ったわかりやすい伝え方ができるようになる。

ロジカルシンキング

ロジカルシンキング（Logical Thinking）は「論理的思考」という意味です。

原因が複雑に絡んだ問題をいくつかの要素に分解することで、論点を整理していきます。そして、整理した論点から仮説を立て、筋道の通った結論を導き出します。したがって、ロジカルシンキングを身につけることで仕事の生産性を高めることができます。

また、ロジカルシンキングは、自分の考えを相手にわかりやすく伝えるためのスキルとして、プレゼンテーションなどの様々なシーンで活用されています。

ロジカルシンキングを行う際の基本的なフレームワークに、MECE（ミーシー）とピラミッド構造があります。

ロジックツリー

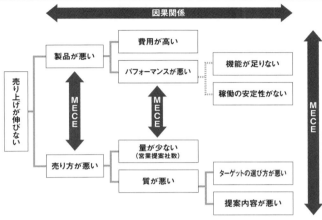

論点のモレとダブリを防ぐMECE

MECEとは、「Mutually（相互に）」「Exclusive（重複がなく）」「Collectively（全体として）」「Exhaustive（網羅的）」の頭文字を取った略称で、「モレなくダブリなく」という意味です。

問題の解決策を検討する際の判断材料にモレやダブリがあれば、効果的で正しい結論に辿り着くことはできません。

たとえば、「売り上げが伸びない」という問題の原因を考える際に、製品のみに着目していてはモレが生じます。なぜなら、「売り上げが伸びない」のは、製品ではなく販売方法に原因があるかもしれないからです。一方、「売り上げが伸びない」原因として「インターネット販売をしていないから」を挙げるのは、先ほどの「販売方法に問題がある」の中に含ま

れるのでダブリがあるといえます。

このように、ロジカルシンキングでは常にMECEを意識して、検討材料のモレやダブリを防ぐことが重要となります。

このMECEを使って、原因を深掘りしていくためのフレームワークがロジックツリーです。前ページの図の通り、「売り上げが伸びない原因」を左から右に向かってどんどん掘り下げていきます。横軸は因果関係（原因と結果）、縦軸はMECE（モレなく、ダブりなく）の関係にあります。

論理的に伝えるためのピラミッド構造

ピラミッド構造（Pyramid Structure）とは、問題や物事を分解して論理的に表現することで相手にわかりやすく伝えるためのフレームワークです。元マッキンゼーのコンサルタントであるバーバラ・ミントが考案したもので、形がピラミッドに似ているところからそのように呼ばれています。

ピラミッド構造は、前述のロジックツリーと構造は同じで、横型（左→右）を縦型（上→下）に変えただけともいえますが、ロジックツリーが主に問題解決（原因の深掘り）に使われるのに対して、ピラミッド構造はプレゼンテーションや論文などのコミュニケーションに使われることが多いです。

ピラミッド構造は、一番上にメインメッセージ（仮説）があり、下段にその仮説を支える複数の根拠、さらに下段にその根拠を支える材料を展開していきます。つまり、上段と下段の関係は、上段から下段に向かっては「Why（なぜ、そうなるのか）」、下段から上段に向かっては「So what?（つまり、どうなるのか）」ということになります。

ピラミッド構造

```
                    主張・結論
              ┌─────────────────────┐
              │ 明日のプレゼンはうまくいくだろう │
              └─────────────────────┘
    MECE
  ┌─────────────┬─────────────┬─────────────┐
  │   理由1     │   理由2     │   理由3     │
な│ 提案内容は最高だ │プレゼン自体をうまくやれる│すでに根回しも済んでいる │つ
ぜ└──┬────┬──┴──┬────┬──┴──┬────┬──┘ま
？   │    │     │    │     │    │   り
  ┌──┴─┐┌─┴──┐┌─┴──┐┌┴───┐┌┴───┐┌┴───┐
  │ニーズを││そのニーズに││プレゼンが││リハーサルも││担当者は ││担当役員も│
  │確実に ││応えた  ││得意   ││うまくいった││好意的  ││好意的  │
  │把握した││内容だ  ││     ││      ││     ││     │
  └────┘└────┘└────┘└─────┘└────┘└────┘
   根拠1   根拠2   根拠3   根拠4   根拠5   根拠6
   └──因果関係──┘└──因果関係──┘└──因果関係──┘
```

ロジカルシンキングの問題点

ロジカルシンキングは、課題解決や戦略立案などについて、物事を論理立てて説明していくので、多くの人々から共感を得やすいというメリットがあります。

しかし、その一方、論理的には正しくても、現実には偶発的な出来事や状況変化が起こることによって、論理的に考えた結論とは違ったことが起きてしまうことがあります。

また、ロジカルシンキングは、過去をベースにするため、どうしても手法が単純化されてしまい、アイデアの新奇性や多様性が少なくなってしまいます。

このように、ロジカルシンキングは有効な場合も多いですが、万能ではないので、物事の状況に応じて使い分けるようにすることをおすすめします。

49 デザインシンキング

「デザイナー的」な思考を経営やマーケティングなどで活用する新しい思考法。市場や顧客からのフィードバックをスピーディに取り入れることで、従来型発想では得られない斬新でイノベーティブなアイデアを生み出すことができる。

デザイナー的な思考をビジネスに活用

　一般に「デザイン」とは、設計や表現などのクリエイティブな行為を指します。デザインシンキング（Design Thinking）は、デザインに必要な考え方や手法を利用して、ビジネス上の課題を解決する新しい思考法です。

　具体的には、人々のニーズを観察した上で課題を設定し、アイデアを出します。次に、そのアイデアを元に試作品を作成し、実際に顧客に対するテストを行いながら、試行錯誤を繰り返すことで、課題解決につなげていくというものです。

デザインシンキングが注目される背景

　近年デザインシンキングが注目される背景として、従来の

従来型思考とデザイン思考の違い

	主要論点例(検討項目)	アプローチ 従来思考	デザイン思考
企業戦略策定	● 経営ビジョン ● 事業ポートフォリオ	● マイクロ環境分析/トレンド予測 ● PPM 等	(あまり向かない)
事業戦略策定	● 事業領域 ● 収益モデル	● 市場調査 ● 他社事例調査 等	(あまり向かない)
製品・サービス開発/改善(実行)	● ターゲット顧客 ● 提供価格	● STP ・セグメンテーション ・ターゲティング ・ポジショニング ● MM (4P) 等 **答えの導出**	● ユーザーインタビュー ● ユーザーへの共感 ● プロトタイピング 等 **方向付け/合意形成**

　マーケティングリサーチによる課題解決方法に限界が見えてきたことが指摘されています。

　マーケティングリサーチを実施するためには、事前にある程度正確に顧客の問題を把握している必要があります。しかし、顧客のニーズが多様化し、また変化の激しい現代においては、顧客の問題の本質を捉えることが難しいケースが増えてきました。

　さらに、AI（人工知能）に代表される技術革新により社会構造そのものの変化も予測される将来、企業は顧客の課題を先取りして自ら新しい市場を生み出せなければ、大きなビジネスチャンスを逃すことになります。

　このような背景から、市場や顧客とのコミュニケーションを重視し、「仮説→試作品→検証」のサイクルを速く回してイノベーションを創出するための思考法としてデザインシンキングが注目されているのです。

デザインシンキングの効果

　デザインシンキングの最大の効果は、イノベーションの創出です。過去の市場動向から考えるアプローチではなく、人々のニーズを汲み取って課題の本質を見極めることができます。

　また、デザインシンキングは、チーム間のコミュニケーションを重視します。その思考のプロセスでは全員が発言権を持ち、アイデアの重要度も平等に扱われます。このようなメンバーの役職や上下関係に左右されない意思決定のプロセスにより、積極的なアイデア創出のマインドが醸成されます。

　デザインシンキングを活用した製品の代表例は、アップルのiPodだといわれています。

デザインシンキングのプロセス

　デザインシンキングは、以下の5つのプロセスを繰り返し行うことで、製品やサービスを完成へ導いていきます。

①観察・共感
　ターゲットを観察し、理解します。具体的にはユーザーインタビューやユーザーテストを繰り返して、コンセプトやアイデアの精度を上げていき、ユーザーの課題を抽出します。

②問題定義
　①で得られたユーザーの課題をさらに掘り下げて、コアとなる問題を見つけます。

デザイン・シンキング

- 各段階ごとに議論の発散と収束を繰り返す
- 結果から範囲を絞り新たな事業機会を探る
- 生活者の行動や気持ち、想い、考え方などを中心に考える
- 現状のより深い**理解**
- さらなる**発想**の創出
- 検証結果に応じて再度、現状と照らし合わせる
- 素早い**試作**と検証
- アイデアをまとめて実現可能性を検証

③ アイデア創出

②で得られた問題を解決するためのアイデアをとにかく発散します。アイデアの「質」よりも「量」を意識します。

④ プロトタイピング（試作）

③で出たアイデアを検証するための試作品作りです。低価格で試作品を早く作成することで、様々な可能性を試すことができ、経費や時間を節約することができます。

⑤ テスト（検証）

④で作成した試作品のユーザーテストを行います。検証と改善を繰り返し、試行錯誤することで最終的に品質向上を図ります。

50 オズボーンの チェックリスト

現状に何らかの手を加えてアイデアを強制的に捻り出すための手法。新商品や新規事業のアイデアがなかなか出てこなかったり、自由な発想をしなくてはならないとき、アイデア出しの突破口として有効。

アイデアを強制的に出す手法

いざアイデアを出そうと思っても、普段からトレーニングをしていないと、なかなか浮かばないものです。また、既成概念にこだわらない自由な発想をしなくてはならない場合も同様のことが起こります。ここで紹介するのは、ブレーンストーミングの考案者であるアレックス・F・オズボーンが考案した、アイデアを半ば強引に出すための手法です。

アイデアを出すための9つの問い

具体的には、以下の9つのチェックリストの問いに答えることでアイデアの発想を広げることができます。

① 転用（Other Use）

　今とは違う新しい使い道はないか、少し変えて他の使い道はないか、現在の商品・サービス自体は変えずに、開発当初の意図とは違う用途や利用方法がないかを考えます。

② 応用（Adapt）

　これに似たものはないか、他に似たアイデアはないかなど、他業種のやり方や商品開発のアイデアをヒントにします。たとえば、外国のニュービジネスの日本での展開を考えるのもこれに含みます。

③ 変更（Modify）

　同じものでも一部を変えることで新しい価値を生み出すことができます。形式を変えたらどうか、もっと回数を多くしたらどうか、など、これまでの仕様を何かしら変更してみます。たとえば、耳かき用の綿棒の色を白から黒にしただけで大ヒットしたという事例があります。

④ 拡大（Magnify）

　同じ商品・サービスでも、スケールを大きくすることで新しい価値を生み出すことができます。何かを加えたらどうか、もっと回数を多くしてみたらどうか、など、商品・サービスの大きさや機能を拡大・拡充することを考えます。

⑤ 縮小（Minify）

　分割したらどうか、やめたらどうか、など、④とは逆に商品・サービスの対象やセグメントを絞ってみます。たとえば、

オズボーンのチェックリスト

1	転用 (Other use)	使い道はないか	今まで新しい使い道はないか、 少し変えて他の使い道はないか、など
2	応用 (Adapt)	他からアイデアが借りられないか	これに似たものはないか、 他に似たアイデアはないか、など
3	変更 (Modify)	変えてみたらどうか	形式を変えたらどうか、 意味を変えたらどうか、など
4	拡大 (Magnify)	大きくしてみたらどうか	何か加えたらどうか、 もっと回数を多くしたらどうか、など
5	縮小 (Minify)	小さくしてみたらどうか	分割したらどうか、 やめたらどうか、など
6	代用 (Substitute)	他のものでは代用できないか	他の材料にしたらどうか、 他の人にしたらどうか、など
7	置換 (Rearrnge)	入れ替えてみたらどうか	他の順序にしたらどうか、 原因と結果を入れ替えたらどうか、など
8	逆転 (Reverse)	逆にしてみたらどうか	役割を逆にしたらどうか、 立場を変えたらどうか、など
9	結合 (Combine)	組み合わせてみたらどうか	目的を結合したらどうか、 アイデアを結合したらどうか、など

独身者の増加に合わせて一人用の食材の販売を始めたり、女性専用サービスを始めたりするのがこれに該当します。

⑥代用（Substitute）

他の材料にしてみたらどうか、他の人にしたらどうか、などを考えます。たとえば、電子タバコはタバコの葉の代わりに特殊な液体に熱を加えることでタバコがもたらす健康被害を無害化させて大ヒットとなりました。

⑦置換（Rearrange）

他の順序にしたらどうか、原因と結果を入れ替えてみたらどうかなどを考えます。たとえば、ファミレスやファストフードがデリバリーサービスを始めたのは、自宅と店舗を入れ替えるという発想で新たな需要を創出したケースです。

⑧逆転（Reverse）

役割を逆にしたらどうか、立場を変えたらどうかを考えます。たとえば、「コーラ＝健康に悪い」というイメージを逆手に取ったトクホのコーラの大ヒットが該当します。

⑨結合（Combine）

目的を結合したらどうか、アイデアを結合したらどうかなどを考えます。たとえば、マンガ喫茶とインターネットを組み合わせたインターネットカフェ、パソコンと携帯電話を組み合わせたスマートフォンなど、最もアイデアが出しやすい視点です。単に組み合わせるだけでなく、組み合わせた結果、どのような市場が生まれるのかまで考えるといいでしょう。

おわりに

本書を最後までお読みいただきありがとうございます。

できるだけ、わかりやすく、実践でも使えるように「戦略」解説をしてきたつもりです。

本書で紹介してきた戦略は、数百年という長い年月の中で考えられてきたものです。本書を読むことで、何十冊、何百冊の本を読んだことと同じくらいの価値があるはずです。

問題解決の基本は思考をして実行することです。戦略は思考するための道具です。

先人たちが考えてきた戦略をたたき台として、会社や個人などの状況に合わせて使用してみてください。最初はうまく使いこなせないかもしれませんが、使っていくうち考え方がわかり、自分なりに応用することができるようになっていきます。

戦略を身につける上で、一番重要なことは実際に使ってみることです。戦略だけ覚えても意味がありません。実際に活用していただき、トライ＆エラーを繰り返し、自分のモノにすることが大切です。

戦略はビジネスだけに使うものだと思われるかもしれませんが、日常でも応用することができます。たとえば、勉強やスポーツ人間関係なんかにも戦略の考え方を落とし込むことができます。

　本書で紹介してきた戦略を色んなシチュエーションで試していただければそれだけであなたの思考力は確実に進化していきます。

　ビジネスや人間関係などは日々変化していきます。その中で、戦略の考え方が身についていると必ずアドバンテージになります。ぜひ本書を何回も読んでいただき戦略をあなたのモノにしてください。

　また、本書は2018年に発刊した『外資系コンサルタントが実践している戦略50』のリニューアルになります。このような機会をいただいた総合法令出版のみなさんには大変お世話になりました。

　読者のみなさんとまたどこかでお目にかかれることを切に願っております。またどこかでお会いしましょう。

グローバルビジネスバレー

〈参考文献〉

『新訂　競争の戦略』（M.E. ポーター著　ダイヤモンド社）
『新版　ブルー・オーシャン戦略』（W・チャン・キム／レネ・モボルニュ著　ダイヤモンド社）
『キャズム』（ジェフリー・ムーア著　翔泳社）
『イノベーションのジレンマ増補改訂版』（クレイトン・クリステンセン他著　翔泳社）
『ジョブ理論』（クレイトン・M・クリステンセン著　ハーパーコリンズ・ジャパン）
『リーン・スタートアップ』（エリック・リース著　日経BP社）
『ザ・ゴール』（エリヤフ・ゴールドラット著　ダイヤモンド社）
『完訳　7つの習慣』（スティーブン・R・コヴィー著　キングベアー出版）
『最新マーケティングの教科書2017』（日経BP社）
『図解ビジネスモデル大全』（洋泉社）
『図解基本フレームワーク50』（グロービス著　ダイヤモンド社）
『フレームワーク図鑑』（永田豊志監修　KADOKAWA）
『ビジュアル　マーケティング戦略』（野口智雄著　日本経済新聞出版社）
『通勤大学MBA 2　マーケティング（新版）』（グローバルタスクフォース著　総合法令出版）
『通勤大学MBA 7　ストラテジー』（グローバルタスクフォース著　総合法令出版）
『新規事業立ち上げの教科書』（冨田賢著　総合法令出版）

【編著者紹介】

グローバルビジネスバレー

外資系コンサルティングファームや投資銀行などで働く有志のビジネスパーソンによって結成された非営利組織。メンバーの多くは国内外の大学でMBAを取得。日々の仕事で得た知見を出版やSNS、講演その他の手段で発信し、日本のビジネスパーソンをエンパワーメントすることを目的に活動中。

視覚障害その他の理由で活字のままでこの本を利用出来ない人のために、営利を目的とする場合を除き「録音図書」「点字図書」「拡大図書」等の製作をすることを認めます。その際は著作権者、または、出版社までご連絡ください。

外資系コンサルが使っている戦略を1冊にまとめてみた

2025年1月23日　初版発行

著　者　グローバルビジネスバレー
発行者　野村直克
発行所　総合法令出版株式会社
　　　　〒103-0001　東京都中央区日本橋小伝馬町 15-18
　　　　EDGE 小伝馬町ビル 9 階
　　　　電話 03-5623-5121

印刷・製本　中央精版印刷株式会社

落丁・乱丁本はお取替えいたします。
©GLOBAL BUSINESS VALLEY 2025 Printed in Japan
ISBN 978-4-86280-980-3
総合法令出版ホームページ　http://www.horei.com/